Etienne Lakits

Les présents qui furent

2

L'adolescence et l'immédiat après-guerre

La photo de couverture représente la façade de notre villa

1ère édition de 30 exemplaires en novembre 2004
2e édition de 20 exemplaires en décembre 2006
la présente 3e édition de 20 exemplaires en avril 2007

Avant-propos

Comme lecteur, je suis impatient. J'ai tendance à faire l'impasse sur les préfaces, prologues ou autres avant-propos. "Au fait, au fait..." me dis-je en moi-même, "entrons dans le vif du sujet..." Aussi serai-je court.

Depuis que j'ai terminé le récit de mon enfance, j'y pense beaucoup moins souvent qu'avant. Les souvenirs que j'ai sauvés de l'oubli en les jetant sur le papier ont cessé de me hanter comme si, assurés de me survivre, ils avaient trouvé la paix. Sans doute ai-je été gagné par le sentiment apaisant du devoir accompli envers les personnes qui ont peuplé un monde que je suis désormais seul à avoir connu.

Quelques détails que j'ai oublié d'évoquer viennent encore me tirer par la manche, comme des animaux que Noé aurait abandonnés aux flots diluviens de l'oubli. J'en fais mentalement la liste et n'était ma paresse, alliée au souci de ne pas ennuyer le lecteur, je leur réserverais quelques pages en tête du texte qui suit. Ainsi, je vois et revois ce cendrier que mes parents avaient dû acheter à Florence et qui portait l'inscription suivante "Se vuoi vivere è star sano, dai parenti stia lontano" (si tu veux vivre en bonne santé, de la famille tiens toi éloigné). Dans une demeure où la parentèle séjournait fréquemment et longtemps, cette petite devise marquait en souriant une distance aimable vis-à-vis de la situation qui prévalait dans la maison.

Des témoignages surgis inopinément viennent encore parfois compléter ce que je sais de notre passé et permettent de préciser certains passages du récit de mon enfance. Martine Robiony, dont je parlerai plus loin, vient de m'envoyer un extrait d'une lettre que sa tante Mimi adressait le 26 avril 1939 à son frère Jean, père de Martine. Il permet de situer exactement le moment de notre dernier voyage à Nice, et reflète en un raccourci saisissant la situation historique du moment: le démembrement de la Tchécoslovaquie après Munich, la naissance de l'état slovaque éphémère, le nazisme, les camps de concentration.... Le début de notre séjour prolongé à Venise, lors de notre voyage de retour, peut maintenant être situé à la mi-mai 1939 et le bombardement de Mestre, que nous avons observé depuis notre hôtel de Venise, pendant l'été 1939. Voici l'extrait en question:

"Figure-toi que nous avons vu débarquer les de Lakits, par le train, il y a huit jours, alors que nous ne les attendions certes plus. Quelle leçon de philosophie ils nous donnent! Ils sont devenus Slovaques, c'est-à-dire de Charybde en Scylla! ... car c'est bien entendu l'oppression boche dans toute sa plénitude qui fait regretter, oh combien! à M. de Lakits... les Tchèques! C'est tout te dire! Ils sont... de sortie... pour 3 semaines environ, comme des échappés de geôle... heureux de pouvoir respirer librement sans crainte d'être envoyés inopinément... en camp de concentration! car c'est l'ère des "lettres de cachet" qui recommence là-bas! Ils t'envoient toutes leurs amitiés."

Après l'enfance, j'entame un nouveau chapitre de l'histoire de ma vie. L'écriture du précédent m'a donné l'élan pour continuer, mais je sais que de nouveaux écueils m'attendent. Le récit d'une enfance environnée par la nature, les saisons et les animaux, dans un monde dont tous les protagonistes ont disparu, distillait tout naturellement sa poésie un peu mélancolique. Les circonstances historiques qui furent à l'origine des péripéties de notre vie et qui les accompagnèrent occuperont une plus grande place dans les pages qui suivent. J'ai oscillé, en les écrivant, entre le souci de rendre fidèlement les évènements que nous avons vécus et le désir de garder au récit une certaine musique sous-jacente. Je ne sais si j'ai réussi cet exercice difficile. Si une musique se fait entendre, elle a probablement des accents plus martiaux que les sons qui accompagnèrent mon écrit précédent.

Je l'ai déjà dit plusieurs fois, les personnages de mon récit précédent sont à présent tous morts. Au fur et à mesure que j'avancerai dans les pages à venir, les protagonistes de ma vie seront de plus en plus nombreux à être encore vivants. Il me sera difficile d'être tout à fait libre dans mon expression car je ne pourrai pas toujours m'empêcher de penser à la réaction que produira sur eux mon texte s'il leur arrive de le lire.

J'avais truffé mon premier texte de photos. Je voulais un peu naïvement prouver l'authenticité de ma description par l'image insérée en son milieu. Le récit était ainsi presque devenu une sorte d'album photos agrémenté d'explications un peu longues. Cette fois, au moins pour les premières années de l'après-guerre, je ne dispose guère de photos. Mes parents avaient alors eu d'autres soucis que de photographier les événements plus ou moins plaisants de notre vie. Dommage!

L'adolescence et l'immédiat après-guerre

Les combats et l'occupation russe

A tous ceux qui ne croyaient pas à la propagande allemande, depuis longtemps déjà l'issue de la guerre ne faisait pas de doute. Au début de 1945, les préparatifs des Allemands eux-mêmes indiquaient clairement que la fin était proche, du moins dans notre région. Chez les gens aisés, même ceux qui n'avaient pas de sympathie particulière vis-à-vis des Allemands, nombreux étaient ceux qui craignaient l'arrivée d'une armée communiste et le sort qui alors attendrait les plus riches. L'armée allemande mettait à la disposition de ceux qui voulaient partir des wagons pour y charger leurs biens les plus précieux: vêtements, meubles, tableaux et tapis. Parmi nos amis, seules deux familles, à ma connaissance, acceptèrent cette offre et partirent en Autriche avec les convois allemands. La même proposition fut faite, par l'intermédiaire de ces amis, à mes parents. Mais mon père décida de rester. Il estimait qu'il n'avait rien à se reprocher, sa famille était honorablement connue à Nitra depuis plus de cent ans et puis, il n'avait pas le goût de l'aventure. Grand voyageur, il était pourtant très attaché au coin de terre qui l'avait vu naître. C'est un peu le même réflexe qui l'avait retenu avant-guerre d'acheter une villa ou un bel appartement sur la Côte d'Azur, lorsque nos moyens nous l'auraient encore largement permis. Etait-il irrémédiablement optimiste ou seulement un peu trop placide? Vers la mi-mars, les convois vers l'Autriche étaient partis. Nous ne pouvions plus qu'attendre la suite des événements, en espérant que le ciel, ou l'Armée Rouge, seraient cléments.

Le bombardement de Nitra par les Russes, sur lequel s'achève le récit de mon enfance, nous fit soudain prendre conscience de la proximité du front et du danger qui nous menaçait. Mes parents décidèrent d'aménager rapidement une de nos caves pour nous mettre à l'abri pendant la durée des combats. Restait à choisir celle qui offrirait la meilleure sécurité. L'entrée de la cave à vin, peuplée de grands tonneaux, qui nous servait également de poulailler et qui abritait en hiver, enfouies sous des monticules de sable, nos réserves de carottes et de pommes de terre, était située sur le devant de la maison. Nous possédions une deuxième cave, tout aussi grande et profonde, à laquelle on accédait par une trappe cachée derrière une haie du jardin. Je ne l'avais jamais explorée, elle ne servait plus depuis longtemps et son entrée était cadenassée.

Le cratère creusé par l'une des bombes tombées dans notre jardin, au-dessus de la partie profonde de la première cave, avait sans doute affaibli sa résistance. Nous risquions en outre d'être pris au piège si la maison, touchée par un obus, s'effondrait en ensevelissant l'entrée. Le choix de mes parents se porta donc sur la deuxième cave, dont l'entrée débouchait à une dizaine de mètres de la maison et qui n'avait pas été atteinte lors du bombardement. Ils y firent porter des matelas, des lampes à pétrole et des réserves d'eau et de nourriture pouvant suffire pour une dizaine de jours. Il apparut rapidement que notre cave offrait, par sa profondeur et ses dimensions, un abri idéal à tout le voisinage. Mes parents y installèrent évidemment nos domestiques et toute la famille de notre jardinier Fero

Šódel, mais ils invitèrent aussi les Moravec et d'autres personnes, dont je ne me souviens plus.

Curieusement, je n'ai pas gardé de souvenirs de notre séjour dans cette cave. Je ne sais pas comment j'y ai passé les nuits, ni ce que nous mangions, comment nous subvenions à nos besoins naturels, si nous discutions avec les autres familles qui partageaient notre abri, si même j'ai joué avec les enfants qui devaient certainement s'y trouver. Je sais seulement que j'y suis resté un temps qui m'a paru très long sans jamais pouvoir sortir, ne fut-ce qu'un instant. Le plus loin que j'aie pu m'aventurer avait été de grimper jusqu'à l'entrée pour voir, en sortant prudemment la tête hors de la trappe, ce qui se passait au dehors. Lors d'une de ces inspections, j'entendis soudain un bruit sec et je vis une explosion près de la maison, derrière les sapins qui bordaient le mur. Ce devait être un obus de petit calibre car, après les combats, nul dommage ne fut constaté sur la maison à cet endroit. Je replongeai dans la cave aussi vite que possible et n'en ressortis qu'à la fin des combats.

Mon père prit plus de risques et alla, de temps à autre, inspecter la maison et se rendre compte de la situation qui régnait en surface. Lors d'une de ces sorties, il aperçut deux blindés allemands dans notre jardin. Entrant dans la maison, il tomba nez à nez avec deux jeunes soldats allemands, sans doute les occupants des Panzer, en train de vider les tiroirs de la commode du salon. La Leica, les jumelles Zeiss pendaient déjà à leur cou. Mon père les apostropha vivement, leur demandant s'ils n'avaient pas honte de se conduire de la sorte. Surpris qu'un homme, qui aurait pu être leur père, les rappelle en allemand aux principes qui avaient du leur être inculqués dans leur enfance, les deux jeunes gens abandonnèrent leur butin et, penauds, sortirent en s'excusant.

Les combats cessèrent au bout d'une semaine passée dans l'abri et nous vîmes arriver les Russes, comme nous allions les appeler, bien que l'Armée Rouge ait été composée de toutes les ethnies de l'Union Soviétique, avec une forte proportion de visages aux traits asiatiques. On était au début du mois d'avril et pour nous, la guerre était finie. Ailleurs en Europe, elle continuerait encore pendant un mois, jusqu'à la capitulation allemande du 8 mai 1945, et jusqu'au mois de juillet dans le Pacifique. La fin de la guerre marqua pour mes parents le commencement d'une série d'épreuves qui allèrent en s'aggravant, même si ce temps fut entrecoupé de moments de rémission, voire d'instants heureux. Jusqu'à ce que, trois ans plus tard, nous partions enfin pour très longtemps, à jamais pour mes parents. Pour ma part, je vécus cette période intensément. Elle me parut longue et certainement plus joyeuse qu'à mes parents, dont je ne faisais qu'entrevoir les soucis et les chagrins. C'était le début de mon adolescence. Les petits et grands événements de cette initiation à la vie et les sentiments qui les accompagnaient me reviennent progressivement en mémoire. J'essaierai de les faire revivre.

Les premières troupes soviétiques formaient une sorte d'élite combattante et ne firent halte à Nitra que quelques jours, avant de reprendre leur traque de la Wehrmacht. Elles ne nous laissèrent pas de mauvais souvenirs. Sans doute n'eurent-elles pas le temps de se livrer à des pillages, et elles n'avaient probablement pas de ressentiment à l'égard d'une population composée en majorité de Slaves, dont elles comprenaient un peu la langue. Nous sûmes plus tard que les choses se passèrent fort différemment non seulement en Allemagne, mais aussi en Autriche et en Hongrie.

Les troupes étaient accompagnées d'éléments d'une police politique qui se livrait à des "nettoyages" sommaires, profitant de la confusion qui régnait au lendemain des combats. Il suffisait d'être accusé par une personne malveillante pour disparaître à jamais. Ainsi mon père, qui réunissait quelques-uns des critères caractérisant un "ennemi du peuple" — il était Hongrois, riche et parlait allemand — dut être dénoncé. Il apprit, je ne sais comment, que les Russes le cherchaient. Il s'enfuit aussitôt de la maison et alla se cacher chez des amis qui possédaient une maison sur les hauteurs de Zobor. Les Russes ne le trouvèrent pas chez lui, et l'affaire s'arrêta là. Sans doute ne constituait-il pas aux yeux des policiers soviétiques une proie assez importante pour justifier la poursuite des recherches. Nous ne sûmes jamais avec certitude qui l'avait dénoncé, ce qui ne nous empêcha pas de nourrir des soupçons à l'égard d'une personne de notre entourage proche.

Derrière les unités combattantes arrivèrent les troupes d'occupation. Elles ne stationnèrent que trois mois en Tchécoslovaquie, car c'était un pays ami (elles revinrent cependant 23 ans plus tard, en 1968, mais ceci est une autre histoire). En Hongrie, elles restèrent sans interruption jusqu'en 1990, c'est à dire 45 ans! Tout cela, en mars 1945, nous ne le savions évidemment pas et nos libérateurs semblaient vouloir s'installer pour un certain temps. Les troupes qui avaient pour mission d'occuper les territoires conquis étaient fort différentes des premiers bataillons aperçus lors du passage du front. Elles étaient hétéroclites, composées de jeunots et d'hommes vieillissants, de femmes aussi, représentant toutes les races de l'empire soviétique. Aux yeux de la population locale, elles acquirent assez rapidement une réputation de voleurs et de violeurs. De nombreuses histoires circulaient à leur propos, autant tragiques que comiques. Comme souvent dans les situations d'assujettissement, les gens se racontaient non seulement les méfaits, mais tournaient aussi en dérision ces soldats qu'en raison de leur comportement la majorité des habitants assimilait davantage à des occupants qu'à des libérateurs.

Par un curieux goût de la ponctualité, les Russes se montraient très avides de montres. Ils en dépouillaient les personnes qui les portaient imprudemment au poignet par un brutal "davaï tchasi" ("donne la montre"), auquel il valait mieux ne pas résister. Aussi les humoristes se mirent-ils à l'œuvre pour raconter qu'un Russe qui avait volé un réveil se présenta chez un horloger en lui demandant de fabriquer plusieurs petites montres avec cette grande. Comme ils s'intéressaient aussi aux bicyclettes, une autre histoire relatait qu'un Russe ayant volé un beau vélo neuf rencontra en chemin un gamin qui s'amusait à rouler sans tenir le guidon sur une vieille bicyclette. Impressionné par ce qu'il prenait pour un engin perfectionné, il ordonna au gamin d'échanger sa bécane contre la sienne.

Ces histoires traduisaient la brutalité mais aussi le côté naïf de ces soldats. Cependant, le principal méfait qu'on leur reprochait était de violer les femmes. Il leur arrivait de pratiquer, déjà, la "tournante". Ainsi, la meilleure amie de ma mère, May Dőry, fut violée dans la propriété de ses parents par une dizaine de soldats russes. Elle en mourut peu après. Mais il est vrai que c'était en Autriche et que ses parents étaient des ennemis de classe! Chez nous, en pays "ami", on n'entendait pas parler de viols collectifs mais plutôt de forfaits individuels. Nos libérateurs se saoulaient fréquemment à la vodka et c'est alors qu'ils devenaient particulièrement dangereux. Faute de trouver de jeunes femmes, car la plupart cherchaient à se mettre à l'abri, il leur arrivait de s'attaquer à des femmes que l'âge aurait dû soustraire aux convoitises sexuelles. Il est probable que ces agressions, pour érotiques et inattendues qu'elles fussent, ne constituèrent pas pour leurs victimes une agréable surprise... Gare à l'homme qui cherchait à défendre son épouse ou sa fille! On racontait qu'un facteur qui habitait non loin de chez nous, en rentrant après sa tournée, trouva un Russe qui pourchassait sa femme à travers la maison. Voulant s'interposer, il fut descendu brutalement d'un coup de pistolet. Les soldats de l'armée soviétique ne s'en prenaient pas seulement aux ennemis de classe! Si des sanctions disciplinaires furent prises à l'encontre des auteurs de ces crimes, aucune publicité ne leur fut donnée. C'eût été l'aveu qu'un soldat de l'Armée Rouge pouvait être un violeur, ce que la propagande communiste ne pouvait admettre.

La rumeur publique a pu noircir un peu le comportement de nos libérateurs, qui n'étaient pas toujours de mauvais bougres mais seulement des hommes primitifs très portés sur la vodka. Des brutalités et des viols furent certainement commis, mais peut-être pas en nombre aussi important qu'on le disait. Il régnait toutefois une absence quasi-totale de communication entre la population et les soldats soviétiques, et elle n'était pas seulement d'ordre linguistique. Le commandement russe et les commissaires politiques particulièrement, veillaient à restreindre au minimum les contacts afin de prévenir toute contamination idéologique des occupants. Le spectacle du relatif bien-être qui existait malgré la guerre dans ce pays capitaliste (il l'était encore à l'époque, hélas plus pour longtemps), était à lui seul déjà assez subversif pour entraîner l'envoi au goulag d'une partie des troupes lors de leur retour en URSS. Pour beaucoup de soldats aussi, la majorité des habitants, y compris les paysans, paraissaient être, tant leur niveau de vie dépassait celui des habitants de l'Union Soviétique, des "bourjouï", bourgeois honnis, ou des koulaks dont il fallait se méfier.

Mais trois mois de présence transformèrent petit à petit ces soldats frustes qui ressemblaient, à leur arrivée, avec leurs pantalons bouffants, leurs bottes et leurs vareuses à l'image traditionnelle des moujiks. Les officiers et les femmes soldats firent retoucher leurs uniformes par les tailleurs de la ville. Les femmes laissèrent repousser leur chevelure rasée pour faciliter l'épouillage, et se firent faire des mises en plis. Je ne sais pas comment ils ou elles purent payer ces prestations, car leur solde n'y suffisait pas. Avec de l'argent volé? Sans doute.

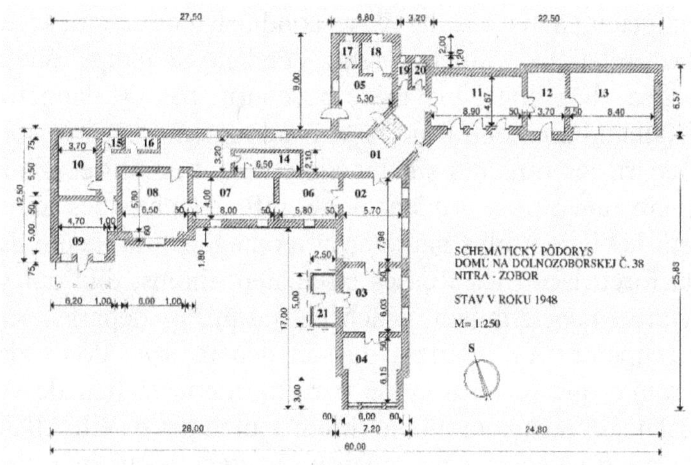

Plan de notre maison et affectation des pièces avant l'arrivée des Russes: 1-hall d'entrée, 2-salle à manger, 3-salon, 4-salon fumoir, 5-cuisine, 6-ma chambre, 7-chambre de mes parents, 8-chambre d'Ancy, 9-chambre de ma tante Elluli et de mon oncle, 10-chambre de ma grand-mère, 11,12 et 13-pièces inoccupées, 14-salle de bains, 21-véranda

Une partie de notre maison fut d'abord réquisitionnée pour loger un officier russe. Les officiers se ressemblent dans toutes les armées du monde et ceux de l'Armée Rouge n'échappaient pas à la règle. Ils avaient une ordonnance à leur service et étaient bien moins frustes que leurs soldats. Beaucoup avaient de l'instruction, surtout parmi ceux qui n'étaient pas des soldats de carrière, mais des ingénieurs, des médecins ou des enseignants dans le civil. La mobilisation générale avait fait de cette catégorie d'officiers la majorité. Le nôtre en faisait partie. Lors de son installation, il nous fit peur en se montrant dur et exigeant, mais ensuite il se conduisit correctement et nos relations s'améliorèrent. Pendant le temps où il logea chez nous, ma mère ne courut pas de dangers. Malheureusement, il ne resta pas longtemps. Après son départ, les rumeurs sur les viols s'étant amplifiées, ma mère jugea plus prudent de se réfugier chez des amis qui habitaient plus haut sur la montagne, à la lisière de la forêt, là où les Russes circulaient moins; elle dut y vivre constamment cachée jusqu'au départ des occupants. Au moment de son départ, sans doute de crainte que je ne trahisse par étourderie le lieu de sa cachette, mes parents me dirent seulement qu'elle allait se mettre à l'abri, sans préciser où. Je ne le sus qu'à son retour, trois mois plus tard.

Un incident comique se produisit pendant qu'elle était encore à la maison. A l'approche du front, mes parents voulurent dissimuler notre argenterie dans une fosse située sous le plancher du couloir de la maison et fermée par une trappe bien camouflée. Il commirent l'erreur de demander à notre jardinier de les aider à descendre la lourde ménagère dans la cache. Quelqu'un, était-ce le vieux jardinier ou l'un de ses fils à qui il aurait raconté notre secret, vendit la mèche à des soldats russes qui trouvèrent le trésor et qui décidèrent, en bons communistes, de le distribuer au peuple. Des femmes que nous ne connaissions pas (s'agissait-il de passantes ou de gens alertés par la famille de notre jardinier?) s'attroupèrent derrière la maison au lieu de la distribution, et formèrent une queue, chacune attendant de recevoir des mains du soldat soviétique une poignée de fourchettes, de couteaux et de cuillères en argent. Ma mère décida rapidement de tenter elle aussi sa chance. Elle revêtit un tablier, se mit un fichu sur la tête pour avoir l'air d'une paysanne, et fit le tour de la maison en faisant semblant d'être venue de l'extérieur. Elle prit place dans la queue et obtint, elle aussi, une poignée de couverts en argent, de notre argenterie! C'est tout ce qui me reste de la ménagère de ma grand-mère paternelle Anna Kochanovszky, dix pièces en tout, marquées des initiales AK. Je pense aujourd'hui que l'action de ma mère fut un peu irréfléchie et qu'elle prit trop de risques pour quelques couverts dépareillés. Si elle avait été reconnue et dénoncée comme étant cette exploiteuse du peuple dont le bon soldat se chargeait de corriger les injustices, elle aurait risqué fort d'être malmenée.

Après le départ de ma mère, je suis resté en compagnie de mon père et de ma grand-mère. Je ne me souviens plus quand celle-ci nous avait rejoints, sans doute était-ce pour échapper aux bombardements qui s'abattirent sur Vienne et qui réduisirent à l'état de ruines jusqu'à la cathédrale Saint Etienne. Sans le témoignage des photos, il est difficile aujourd'hui d'imaginer que l'église à l'aspect si ancien soit le résultat d'une minutieuse reconstruction opérée après la guerre… . Quelques jours après le départ de l'officier russe, la maison fut à nouveau réquisitionnée, cette fois pour une compagnie de transmissions d'environ 20 membres, à laquelle il fallut abandonner presque toute la demeure. Nous réussîmes difficilement à conserver pour nous les deux pièces de l'extrémité de l'aile centrale qui avaient, grâce à Dieu, une entrée indépendante. Nous y rassemblâmes en hâte quelques beaux meubles et réussîmes à barricader avec des armoires la porte qui donnait sur le reste de la maison. Nous dûmes abandonner la majeure partie du mobilier qui remplissait autrefois les neuf pièces principales de la villa, que nous ne revîmes plus, sauf sous forme de débris.

La cohabitation avec les Russes fut assez pacifique. Nos entrées dans la maison étant séparées, nous ne les rencontrions que dans le jardin. C'était le printemps et les membres de la compagnie de transmissions, dont la moitié étaient des femmes, se prélassaient souvent au soleil devant la maison. Si loin du front, ils n'avaient sans doute pas beaucoup de travail. Une fois leur réseau de câbles mis en place, il n'y avait plus besoin de le reconfigurer fréquemment, comme sur un front que les combats déplacent sans cesse. Ils passaient leur temps au jardin à des occupations paisibles: les femmes s'épouillaient mutuellement les cheveux qui commençaient à s'allonger et certains soldats, à défaut de pouvoir les lire, découpaient avec de petits ciseaux les images de mes livres illustrés. Beaucoup étaient analphabètes et, de toutes façons, notre écriture était différente de la leur. Un vieux moujik demanda un jour à mon père: "petit père, sais-tu lire et écrire?" "Car moi, je sais!" ajouta-t-il fièrement. Bien qu'elle eût déjà 77 ans et qu'elle ne parlât pas la langue du pays, ma grand-mère faisait preuve de courage en allant régulièrement se promener dans le jardin et dans les environs. Une fois, je la vis à son retour aller vers mon père et lui chuchoter quelques mots à l'oreille en souriant. Il s'agissait manifestement de quelque chose qu'elle avait vu dehors. Sachant qu'elle ne me résisterait pas, je me mis à la questionner avec beaucoup d'insistance, jusqu'à ce qu'elle finisse par me dire qu'elle avait vu, à travers la porte ouverte, un couple russe s'embrasser dans le foin de la grange. "Mais pourquoi n'avais-je pas le droit d'entendre cela?" m'écriai-je non sans hypocrisie, car j'avais bien deviné de quoi il s'agissait. Devant le silence gêné de ma grand-mère, mon père vint à son secours. "N'insiste donc pas tant, tu sais bien de quoi il retourne!" dit-il sèchement. Voilà la seule leçon d'éducation sexuelle que j'aie reçue de mon père.

Le matériel de transmissions entassé ou éparpillé autour de la maison: bobines de câbles, téléphones de campagne, batteries, ne manquait évidemment pas de me tenter, mais je n'osai pas demander à nos occupants de me donner quelque matériel hors d'usage ou des batteries à demi usées. Le seul soldat soviétique avec lequel j'avais noué une relation amicale était un Ukrainien. A l'écart des autres, nous discutions en allemand, qu'il comprenait un peu. Il me parla des réfugiés ukrainiens qui avaient fui l'Armée Rouge et je lui dis qu'en effet, nous avions vu des colonnes de voitures de paysans ukrainiens traverser notre région en direction de l'Ouest. Je parlais mieux l'allemand que lui, mais c'est lui qui m'a appris le mot "ficken" (même sens que "to fuck" en anglais). Cela correspondait sans doute de sa part à ce besoin curieux que ressentent parfois les hommes adultes et qui les conduit à établir une complicité avec un jeune garçon, en l'instruisant (en paroles) des mystères de la sexualité. J'en ai plusieurs fois fait l'expérience dans mon enfance et dans mon adolescence. Peut-être n'y a-t-il rien de trouble dans cela et ne faut-il y voir qu'une manifestation de l'instinct très ancien qui conduit les générations à se transmettre leur savoir.

La compagnie de transmissions resta chez nous environ deux mois, jusqu'au départ des troupes soviétiques. Leur séjour ne fut marqué que d'un incident majeur. Un jour, le commandant vint nous prévenir que cette nuit-là sa compagnie organisait une fête qui allait être bruyante. Il nous assura que nous n'avions rien à craindre. Par précaution, nous renforçâmes du mieux que nous pûmes la barricade d'armoires qui nous séparait de la salle à manger où se tiendraient les réjouissances. A la tombée du jour, le son des balalaïkas nous annonça qu'elles avaient commencé. Lentement, la musique allait crescendo, mêlée de chants qui se transformaient progressivement en cris de plus en plus sauvages. Les danseurs faisaient trembler le sol et leurs corps donnaient des coups de butoir à notre barricade. Tapis derrière la fragile séparation, nous écoutions avec angoisse le déchaînement de ces soldats d'ordinaire paisibles, mais que la vodka coulant à flots semblait avoir transformés en bêtes fauves. Que nous arriverait-il si le barrage cédait et que cette horde envahissait notre refuge? Il était probable que l'officier était lui-même ivre et ne ferait rien pour la retenir. Nous passâmes ainsi une partie de la nuit à trembler puis, l'alcool ayant endormi tout le monde, le tumulte finit lentement par s'apaiser.

Après le départ des Russes survint une autre occupation, plus légère cette fois, celle de troupes roumaines. Les Roumains, alliés de Hitler au même titre que les Hongrois et les Slovaques, faussèrent habilement compagnie aux Allemands vers la fin de la guerre. Un peu comme les Italiens, ils réussirent là où Horthy avait échoué. Leur éloignement des bases allemandes découragea Hitler d'occuper leur pays comme il l'avait fait pour la Hongrie. Se retournant contre leurs anciens compagnons d'armes, ils suivirent l'Armée Rouge dans sa conquête de la Hongrie et des territoires voisins. Les Roumains arrivèrent donc un beau jour à Nitra et y restèrent quelque temps, mais leur présence passa presque inaperçue. Je ne me rappelle pas qu'on ait évoqué leurs forfaits, ni que des blagues aient circulé à leur sujet. Après la pesante occupation des Russes, nous devions avoir l'impression d'être en présence d'une armée de séraphins à qui nous eussions volontiers pardonné quelques incartades.

Je n'ai gardé des Roumains que le souvenir de quelques officiers qui se promenaient en Jeep par les belles soirées d'été sur les chemins de Zobor. Ils avaient remarqué la jeune et très jolie fille de nos voisins Moravec, Bözsi. Quelqu'un dut se rappeler que les Roumains cultivés parlaient français, et on fit appel à moi pour servir d'interprète. Grâce à mon entremise, la conversation prit d'emblée un tour animé et Bözsi accepta de faire une promenade en voiture avec les Don Juan bucarestois. Je ne sais pas ce qui, de l'apparence séduisante de ces officiers élégants et parfumés, ou de l'attrait d'un voyage en automobile dont nous étions privés depuis longtemps, parut le plus tentant à ma jolie voisine. Quant à moi, j'étais bien entendu très attiré par la promenade en voiture. Aussi fus-je ravi d'être invité à accompagner ce galant équipage en qualité de traducteur, mais aussi, sans doute, de caution morale à la belle. Cela me rappela mon rôle de "go between" entre Jolán et ses soupirants lors des promenades qu'enfant je faisais avec elle à Nice.

La vie repart

Les Russes partis, ma mère rentra de son exil et la vie reprit progressivement un cours plus normal. Un changement survenu dans ma vie pendant son éloignement forcé me laissa un certain temps perplexe. En effet, mes fréquentes migraines, que mes parents mettaient d'ordinaire sur le compte d'une indigestion, avaient totalement disparu pendant les quelques mois où notre existence fut bouleversée par les combats et l'occupation. Je ne savais comment interpréter cette soudaine rémission d'un mal qui m'avait tant empoisonné la vie. Etait-ce le relâchement du carcan qui pesait d'ordinaire sur ma vie, ou bien l'excitation provoquée par les circonstances inaccoutumées dans lesquelles nous étions plongés? Ou bien était-ce l'absence de ma mère, dont l'autorité exigeante se trouva un temps remplacée par la douceur patiente de ma grand-mère? Même si, avec le recul du temps, j'ai aujourd'hui une opinion moins tranchée, j'attribuai à l'époque cette rémission à l'éloignement maternel. Il s'agissait bien d'une rémission car, lorsque ma mère revint, mes maux de tête reprirent comme avant, ce qui me confirma dans mon diagnostic. Je ne m'en ouvris à personne, mais qui se serait donné la peine d'observer mon comportement aurait pu arriver à la même conclusion. Il est évident que je ne peux en vouloir à mon père, ni même à ma grand-mère, d'avoir eu d'autres préoccupations en ce temps-là.

Nous nous attelâmes à nettoyer la maison pour la rendre de nouveau habitable. La Tchécoslovaquie étant rétablie dans ses anciennes frontières (sauf à l'est, où l'Union Soviétique, bien qu'alliée de ce pays, n'avait pas hésité à annexer l'Ukraine Subcarpatique que la Hongrie avait dû restituer après la guerre), le village de Jolán était redevenu tchécoslovaque, et elle vint nous rejoindre. Elle apporta une aide précieuse à la tâche herculéenne que nous avions à affronter. Le mobilier qui n'avait pas disparu était en morceaux, le plancher et les murs étaient couverts de souillures et les cuvettes des WC débordaient d'excréments. Les toilettes étant devenues inutilisables même pour eux, les Russes avaient creusé derrière la maison des fosses d'aisance, au-dessus desquelles ils avaient construit, avec les portes et les planches de nos armoires, des cabinets séparés pour les hommes et les femmes. On est civilisé ou on ne l'est pas! Il fallait faire disparaître ce hideux héritage de nos libérateurs et combler les fosses, mais il régnait sur les lieux une odeur tellement nauséabonde que personne n'avait envie de s'attaquer à la besogne.

C'est alors que je me suis souvenu des masques à gaz et de leur pouvoir de filtrer les odeurs. Par chance, ils n'avaient pas disparu dans la tourmente. Je me portai donc volontaire pour effectuer ce travail dont personne ne voulait. Mes parents acceptèrent avec un sourire dubitatif. C'était déjà l'été, sous le masque la sueur inondait mon visage, mais j'étais content car je ne sentais effectivement pas la puanteur qui régnait autour de moi. Muni d'un marteau et d'une hache, je démolissais avec allégresse l'assemblage grossier des latrines soviétiques. Je réussis, une fois de plus, à démontrer mon ingéniosité technique aux adultes. Le travail terminé, l'opération devint une "success story" dont j'étais le héros et rejoignit l'almanach des histoires familiales.

Petit à petit, nous reprîmes possession de notre maison, mais notre vie ne redevint jamais ce qu'elle avait été. Au début, nous n'utilisions que les deux pièces que les Russes nous avaient laissées lorsqu'ils occupaient la maison. Je crois que mes parents dormaient dans la plus belle pièce, l'ancien salon fumoir abrité derrière la façade néo-classique de la maison. Je partageais avec Jolán le salon attenant. Quant à ma grand-mère, qui resta encore un certain temps avec nous, elle devait être logée avec Jolán et moi. Elle désirait rentrer à Vienne le plus tôt possible, car Ancy l'avait prévenue que son appartement avait été en partie saccagé, mais elle était obligée d'attendre que les conditions de circulation avec l'Autriche dévastée et occupée se fussent un peu normalisées. Elle resta avec nous, je crois, jusqu'à l'automne 1945.

Nous réinstallâmes notre cuisine à l'emplacement de l'ancienne et la petite chambre attenante de la cuisinière, désormais inoccupée, devint provisoirement notre salle à manger. Ma mère se mit aux fourneaux et apprit à préparer nos repas en suivant les instructions d'un livre classique de la cuisine centre-européenne, *Die kleine Prato*, que jusqu'alors elle n'avait consulté que pour donner des instructions aux domestiques. Sa première soupe est restée gravée dans ma mémoire. Le potage se révéla n'être qu'un liquide aqueux, dans lequel surnageaient quelques carottes insipides. Nous ingurgitâmes ce triste breuvage en silence. Même mon père, d'ordinaire si difficile, mangea sans protester le contenu de son assiette. Mais lorsqu'à la fin ma mère, un peu inquiète de notre mutisme, nous demanda ce que nous pensions de sa tentative, nous libérâmes sous la forme d'un grand éclat de rire les reproches rentrés que personne n'avait osé lui exprimer. Nous lui étions reconnaissants d'avoir pris les choses en main et nous lui pardonnions volontiers ses premiers tâtonnements culinaires. Son sens de l'organisation, sa méticulosité et sans doute aussi ses prédispositions naturelles firent qu'elle devint bientôt une excellente cuisinière. Les pages brunies de la *Petite Prato,* qui a trouvé refuge dans notre cuisine de Paris, m'offrent désormais leurs recettes lorsque l'envie me vient de retrouver le goût des plats de mon enfance.

Mon père se remit à suivre à la radio les événements du monde. Les émissions étrangères n'étaient plus brouillées et redevinrent audibles pour quelques années encore… . Je ne sais plus quelles étaient les stations qu'il captait pour être le mieux informé, sans doute continuait-il à préférer la Suisse. Je me souviens du jour où la radio annonça qu'une nouvelle bombe, d'un pouvoir de destruction jusqu'alors inégalé, avait été larguée par les Américains sur le Japon. Je sais que nous fûmes tous frappés par cet événement mystérieux et redoutable. Quelques jours après, la Deuxième Guerre mondiale était terminée. La radio devint rapidement un moyen de désenclavement et d'ouverture vers la civilisation occidentale. Radio Prague, qui nous parvenait en ondes moyennes avec une excellente qualité de réception, se mit rapidement au goût du jour en diffusant du jazz et des chansons occidentales. Malgré l'éclipse de la guerre, la chanson française tenait encore dans le monde entier un rang important dans les préférences du public. Nous passâmes plusieurs soirées devant le poste à écouter le hit-parade (cela ne s'appelait pas encore ainsi) des variétés françaises des cinq dernières années. Trenet et Chevalier étaient de retour, et nombre d'autres dont je ne me hasarderai pas à citer les noms. Ces programmes étaient pour nous comme des messages venus d'un paradis perdu. Le jazz, importé dans les paquetages des G.I., suscitait aussi la ferveur d'un vieux continent ravagé, assoiffé de modernité. Ceux qui, comme nous, n'eurent pas la chance d'être libérés par les Américains, voulurent communier avec le Nouveau Monde au moins par sa musique. Le nouveau culte du jazz à la radio praguoise m'intéressait évidemment beaucoup plus que mes parents. Je fredonnais à longueur de temps *Star Dust*, indicatif de l'émission hebdomadaire des orchestres de jazz locaux, sortes de Glenn Miller ou Duke Ellington bohêmes.

Après la guerre, nous n'avons connu le rationnement que pendant un temps assez court, sans doute parce que nous étions au cœur d'une région fertile. (Nous fûmes étonnés, quatre ans plus tard, à notre arrivée en France, de retrouver des tickets pour l'alimentation et les vêtements! Qui se souvient encore de cette situation, difficilement compréhensible dans un pays à l'agriculture aussi développée?) Bien que notre situation alimentaire ne fût pas alarmante, l'UNRRA, un organisme des Nations Unies chargé de venir en aide aux pays ayant souffert de la guerre, nous faisait parvenir des rations de l'armée américaine. A intervalles réguliers, chaque famille avait droit à un carton contenant plusieurs lots. Nous y découvrîmes pour la première fois des aliments devenus depuis courants: du café soluble, du lait en poudre, et d'autres qui n'ont pas connu le même succès: des œufs en poudre, des jus de fruits lyophilisés vitaminés et puis des classiques américains, comme le peanut butter. Ces nourritures nouvelles connurent un grand succès, qui tenait autant à leur nature futuriste qu'à leur goût inhabituel. C'était, déjà, l'engouement pour les nouveautés technologiques en provenance des Etats-Unis! Nous préférions parfois ces ersatz aux aliments naturels. Ainsi, mon père affectionnait l'omelette aux œufs en poudre et je me délectais du jus de raisin en sachets, d'un violet profond, qui avait un goût de produit synthétique même s'il avait probablement été préparé avec des fruits véritables.

La situation nouvelle, le départ de certains amis ou la disparition d'autres, changèrent le cercle de nos relations. Nous n'avions plus les moyens de recevoir comme auparavant, et même les visites familiales avaient cessé. Ma tante Elluli et mon oncle ne venaient plus de Bratislava, ni ma sœur Ancy de Vienne. Seule ma grand-mère était encore avec nous. De nouvelles figures firent leur apparition, vieux habitants de Nitra que mon père devait connaître depuis longtemps, mais que je n'avais encore jamais vus chez nous. Il y avait Aladár Árpássy, l'homme des "non-valeurs" dont j'ai déjà parlé précédemment, puis un prêtre, le révérend Petrášek et monsieur Zalka, qui était, je crois, un collègue de mon père lorsqu'il travaillait encore, avant 1918, à l'administration du comitat hongrois. Monsieur Zalka était un vieux garçon aux manières parfaites, malgré une existence modeste et des conditions de vie rustiques. Il habitait avec une gouvernante une petite maison entourée d'une vigne, non loin de chez nous, dans le "vallon du houblon". Il y élevait des oies et ma grand-mère l'avait surnommé "il signore all'oca", car parfois il nous en apportait une sous son bras. Mon père m'envoyait chez lui acheter du raisin de table d'une variété dont personne, dans ces contrées, ne soupçonne l'origine française puisque son appellation s'écrit en hongrois "csaszla" (c'est à dire chasselas). Le chasselas de Zobor était un raisin délicieux, bien meilleur, me semble-t-il, que le chasselas français actuel, pourtant fameux, de Moissac. Mais peut-être n'est-ce que l'illusion de la mémoire, qui a tendance à embellir les goûts et les couleurs du passé. J'accompagnai le bon monsieur Zalka dans sa vigne pendant qu'il cueillait avec soin les grappes dorées, parfumées et gorgées de sucre. Je me tenais derrière lui et lorsqu'il se penchait pour cueillir quelques raisins situés près du sol, je pouvais voir à mon grand amusement, par la couture fendue de son pantalon, une paire de testicules poilus qu'aucun caleçon ne venait celer aux regards curieux. Les années précédentes, mon père m'envoyait parfois, un panier au bras, chercher du raisin chez une vieille dame qui habitait elle aussi au milieu de sa vigne, sur les pentes de Zobor. Mais la pauvre femme, qui vivait seule, n'était plus là. Il se disait que les Russes lui avaient réglé son compte et l'avaient même violée.

La reprise de mes études

La vie retrouvait lentement son cours, sauf pour moi, car il n'y avait plus d'école où j'eusse pu continuer mes études. Le nouveau régime tchécoslovaque avait en effet supprimé tout enseignement en langue hongroise, et des dizaines de milliers d'enfants et d'adolescents hongrois se trouvèrent du jour au lendemain sans école, ou bien furent obligés de suivre un enseignement dispensé dans une langue qu'ils connaissaient mal, voire pas du tout. Il est également probable qu'il n'y avait pas assez de maîtres slovaques pour faire face à cet afflux soudain de nouveaux élèves.

Cette mesure inique et irresponsable avait été prise en application des fameux décrets de Beneš, du nom du président de la république qui les avait édictés lors du rétablissement de l'Etat tchécoslovaque à la libération. La suppression des écoles faisait partie d'un ensemble de mesures impitoyables prises à l'égard de la minorité hongroise, telles que la privation de la citoyenneté, la confiscation des biens et, pour finir, l'expulsion. Ces décrets, dont le souvenir et les conséquences empoisonnent aujourd'hui encore les relations des Etats héritiers de la Tchécoslovaquie avec leurs voisins, étaient officiellement censés punir, au nom de la "responsabilité collective", les ethnies allemande et hongroise, considérées comme complices et responsables des malheurs infligés par Hitler à la Tchécoslovaquie. L'objectif poursuivi était aussi de débarrasser la république de ses minorités non slaves (4 millions de personnes au total!), pour créer un état "ethniquement pur". Si les mesures concernant les Allemands pouvaient se comprendre, sinon être justifiées, dans le contexte de l'immédiat après-guerre, compte tenu du comportement d'une grande partie des Allemands de Bohême avant et pendant l'occupation nazie, elles étaient d'une injustice flagrante en ce qui concernait les Hongrois de Slovaquie. Ce n'était pas eux, mais les Slovaques qui avaient donné le coup de grâce à la Tchécoslovaquie en se séparant des Tchèques pour fonder en mars 1939 un état vassal de l'Allemagne hitlérienne. Or, contre les Slovaques en général, et les nombreux fascistes du pays en particulier, peu de mesures de rétorsion furent prises. Parmi les dirigeants de l'état slovaque éphémère, seul son président, Monseigneur Tiso, fut condamné à mort et pendu. Comme il fallait trouver des coupables, les Hongrois servirent de boucs émissaires. Comble de l'iniquité, d'anciens membres de la "Hlinková garda", l'organisation fasciste locale, qui avaient "aryanisé" des biens juifs, continuèrent à s'enrichir en s'appropriant les biens des Hongrois spoliés.

J'ai retrouvé dans les papiers de mon père un exemple particulièrement éloquent des mesures iniques frappant les Hongrois. Il s'agit d'un arrêt de la commission électorale de Nitra privant ma sœur Ancy de son droit de vote. L'imprimé envisage différents motifs possibles: condamnation pénale, mise en examen, privation des droits politiques. Toutes ces mentions sont biffées et, sur la ligne prévue pour indiquer un motif différent, un seul mot figure: Hongroise. Ma sœur résidait à ce moment depuis plusieurs années à Vienne et n'était donc pas très affectée par cette mesure discriminatoire. Cependant, son appartenance ethnique conduisit à la confiscation des biens, maison et terres, qu'elle avait hérités de sa mère. Etant à Vienne, elle ne mena pas un combat semblable à celui de mon père, que je relaterai plus loin. En conséquence, lors de l'effondrement du régime communiste, elle n'a pas pu récupérer ses biens comme moi, car elle était toujours sous le coup des décrets de Beneš. Ceux-ci n'ont toujours pas été révoqués.

Miestna volebná komisia v Nitre.

Číslo :....14.065/.....1948/B. V Nitre dňa ....19.V.1948.

Predmet : Anna Lakitšová v Nitre, Dolnozob. 38.
zápis prekážky volebného práva do voličských soznamov - upovedomenie.

Usnesenie.

Miestna volebná komisia sa usniesla dňa 19.V.1948, podľa zákona o voľbách do Národného shromáždenia vyznačiť u Vášho zápisu v stálych voličských soznamov poznámku prekážky výkonu volebného práva /pretože ste ~~xpodľa/ § 5 písm. A, B, C, D, odsúdený/á pre~~ Maďarka.

~~xxxxxxxxxxxxxx~~ l/a/ akčným výborom Národného frontu vyradený z verejného a politického života.

Pretože bolo proti Vám zavedené trestné pokračovanie-revízia pre xxxxxxxxxxxxxxxx a verejný záujem vyžaduje, aby poznámka bola vyznačená.

Toto rozhodnutie je konečné.

Dokiaľ poznámka prekážky výkonu volebného práva nebude vymazaná, nesmiete vykonať volebné právo /hlasovať/ a nesmie Vám byť vydaný voličský preukaz.

predseda miestnej volebnej komisie.

Arrêt de la commission électorale privant ma sœur Ancy de son droit de vote parce qu'elle est une Hongroise

Je relaterai plus loin l'impact qu'eurent ces mesures sur notre destin et sur celui de Jolán. En attendant, mes parents devaient trouver une solution me permettant de poursuivre mes études. Le lycée de Nitra exigeait que je passe un examen d'admission en slovaque. Ma connaissance de cette langue était insuffisante et je risquais fort de subir un échec. Le supérieur du couvent des Franciscains, qui avait marié mes parents et qui était resté leur ami, nous tira d'affaire. Le lycée de jeunes filles de Nitra était tenu par les sœurs de saint Vincent de Paul, dont notre ami était le confesseur. Il obtint des religieuses qu'elles me préparent à l'examen pendant l'année scolaire 1945-46.

Le lycée d'Etat de Nitra était mixte, mais tel n'était pas le cas de l'établissement des sœurs. Il était hors de question que je suive l'enseignement normal dans une classe, comme seul garçon parmi les filles. Il était également probable qu'au début, tout au moins, j'aurais eu des difficultés à suivre une scolarité en slovaque. Il fut prévu que les sœurs me donneraient des leçons particulières dans le cabinet où elles entreposaient les accessoires des cours de géographie, de physique et de chimie. Elles venaient à tour de rôle m'y prodiguer leurs leçons dans les différentes matières. Elles ne voulaient pas que je croise les autres élèves en m'y rendant. Je devais donc arriver le matin après le début des classes et quitter l'école en évitant les récréations.

J'ai gardé un très bon souvenir de ces religieuses, de leur gentillesse et de leur patience. Elles portaient un habit bleu qui ne laissait rien percevoir de leur anatomie, un rosaire pendait sur le côté de leur ample jupe touchant presque le sol, et leur tête était coiffée d'une cornette blanche empesée semblable aux avions de papier que les enfants fabriquent, dont les ailes larges battaient au rythme de leurs pas. Je ne pouvais voir d'elles que leur visage souriant, au teint rose qu'aucun cosmétique n'effleurait jamais. Je me souviens en particulier de sœur Zoe, une très jolie jeune femme qui m'enseignait les mathématiques. Peut-être en étais-je secrètement amoureux, comme je l'avais été des saintes dont, enfant, je lisais les biographies. Avec un peu d'imagination, je pouvais croire que j'avais enfin devant moi une incarnation de ces femmes idéales dont j'avais rêvé quelques années plus tôt. D'autant que sœur Zoe faisait preuve d'une patience angélique, car je comprenais encore mal la langue dans laquelle elle essayait de m'expliquer les notions abstraites de l'algèbre. Elle ne faillit la perdre qu'une seule fois, lorsque malgré de longues explications je résistai à admettre que moins par moins donne plus. Je me rappelle aussi sœur Catherine Labouré (nom de la fondatrice de l'ordre) qui m'enseignait le slovaque, je crois. Dans son cas, c'est le caractère peu commun de son nom qui me fait souvenir d'elle. J'ai de la peine en songeant aux persécutions que les communistes firent subir quelques années plus tard à ces pauvres religieuses. Leur couvent fut fermé, il leur fut interdit d'enseigner, et celles qui osèrent opposer une résistance furent emprisonnées et déportées dans des camps. C'est peut-être dans ces circonstances dramatiques que certaines d'entre elles accédèrent à cette sainteté dont mon affection les avait créditées un peu tôt.

Le cabinet dans lequel je me rendais tous les jours m'apparut vite comme une véritable caverne d'Ali Baba, remplie des trésors que je convoitais le plus. Il y avait là, soigneusement rangés sur les étagères des vitrines, une multitude d'appareils destinés aux expériences de physique. Des appareils électriques — dynamos, générateurs d'électricité statique, roue de Barlow, électro-aimants, différents types de piles, etc. — et diverses autres machines, par exemple un modèle réduit de rouleau compresseur à vapeur. Pour la chimie, il y avait aussi des cornues, des flacons remplis d'acides et de diverses substances, puis de magnifiques cristaux pour les cours de cristallographie. Un vrai paradis! Lorsque je réussis à démontrer mes compétences et à gagner leur confiance, les religieuses acceptèrent de me prêter certains appareils, que j'emportais à la maison pour en jouir pleinement quelques jours.

Il y avait des temps morts entre les leçons, quand j'attendais l'arrivée du professeur suivant. La tentation était alors trop forte; je sortais de sa vitrine un appareil particulièrement convoité pour le fourrer dans mon cartable et l'emporter sans autorisation. Je craignais en effet que les sœurs ne finissent par se lasser de mes demandes et refusent de me prêter quelque chose. Je tremblais d'être surpris et guettais les bruits de pas dans le couloir, prêt à replacer promptement l'instrument dans son placard si quelqu'un s'approchait. J'avais honte de tromper ainsi les gentilles religieuses et ma mauvaise conscience me taraudait, mais la tentation était trop forte, ou mon caractère trop faible. J'avais peur aussi que les sœurs ne s'aperçoivent, lors d'une séance d'expériences en physique ou en chimie, de la disparition de certains appareils. Cela ne se produisit pas, les instruments, qui devaient dater d'un autre temps, ne servaient sans doute plus. Cette observation finit par me rassurer et je m'enhardis toujours plus, au point que je finis par ne plus ramener certains appareils, pourtant soustraits avec l'intention de seulement les conserver quelques jours. Puisqu'ils ne servaient plus, autant qu'ils soient chez moi! C'était du vol. C'est une des rares fois où je me suis laissé aller à commettre ce péché. J'avais déjà volé du pavot dans le jardin du voisin et des radis, à la tombée de la nuit, chez nos autres voisins, les jardiniers bulgares. Beaucoup plus tard, je volai un camembert, mais je raconterai cela une autre fois. Si je devais me confesser, je ne pourrais en dire davantage sur ce chapitre.

Vers la fin de l'année scolaire, toutes les élèves devaient déjà savoir qu'un garçon fréquentait discrètement leur école. Je fus exceptionnellement invité à assister à quelques expériences de chimie dans l'amphithéâtre consacré aux disciplines physico-chimiques. La sœur qui allait les réaliser me connaissait bien, puisque c'est elle qui m'enseignait ces matières. Elle prit néanmoins la précaution de me dire de ne pas regarder les filles et, pour plus de sûreté, m'installa tout seul au premier rang. Aidée d'un assistant, la sœur s'affairait sur la paillasse où bouillonnaient dans leurs cornues toutes sortes de liquides colorés qui allaient réagir ensemble en dégageant des fumées malodorantes. J'essayais de me concentrer sur ce spectacle intéressant, mais le chuchotement et les rires étouffés des filles dans mon dos ne cessaient de me distraire. J'avais une furieuse envie de me retourner et d'affronter le regard de ces demoiselles en esquissant peut-être un sourire timide. Je craignais cependant que la sœur, qui devait m'observer à travers les volutes de fumées colorées, ne s'en aperçût. A la fin du cours, elle me fit signe d'attendre que toutes les élèves soient sorties pour me lever et quitter à mon tour la classe, dûment escorté. Ce fut le seul contact que j'eus avec les élèves du lycée de jeunes filles où s'appliquait encore la tradition religieuse d'une stricte séparation des sexes. Les gentilles sœurs n'avaient certainement pas conscience d'être de lointains précurseurs du mouvement qui se manifeste actuellement à nouveau en faveur des écoles non mixtes. Le progrès, en ce temps, allait vers la mixité, que j'allais bientôt connaître au lycée d'Etat de Nitra.

Il restait cependant encore à franchir l'obstacle de l'examen d'admission. Le lycée d'état avait été lui aussi, dans le passé, un établissement religieux fondé par les pères piaristes, un ordre qui s'était distingué dans la région par l'excellence de ses écoles. Mon père avait fréquenté ce lycée, où enseignaient encore les bons pères. De ce passé, dont témoigne aujourd'hui encore la belle église baroque attenante aux bâtiments de l'école, subsistait alors seulement le fait que le directeur était un prêtre. Je découvris après mon admission que c'était également une religieuse, sœur

Liliosa, qui enseignait la philosophie. Le cours de religion faisait encore partie des matières obligatoires (avant de céder la place au marxisme-léninisme quelques années plus tard). Pour influencer la formation de la jeunesse, l'église s'était retranchée dans les postes stratégiques.

Gravure du 19e siècle représentant le château de Nitra avec le mont Zobor à l'arrière-plan. A gauche du château la tour de l'église du couvent des sœurs de saint Vincent de Paul et du lycée de jeunes filles. Plus loin, après les deux arbres, les deux tours baroques de l'église des pères piaristes attenante au lycée de garçons.

Avec les sœurs, j'avais appris à parler et à écrire correctement le slovaque et comblé le retard pris dans les autres matières au cours du second semestre de l’année scolaire 1944-1945, pendant lequel je n’avais suivi aucun enseignement. En ce début de l'été 1946, nous pensions, les sœurs et moi, que j'abordais l'examen dans d'excellentes conditions. Les épreuves se déroulèrent de manière satisfaisante, jusqu'à la surprise de la fin : l'examen de sciences naturelles. Par manque de coordination entre elles, les religieuses avaient fait l'impasse totale sur cette matière pourtant au programme. Devant l'examinateur, j'éprouvai une seconde et désagréable surprise. La personne qui allait m'interroger sur mes connaissances inexistantes était en effet notre voisine, qui m'avait souvent grondé lorsque je chassais les oiseaux dans notre jardin. Elle s'aperçut rapidement que je ne savais rien et parut en être gênée. "Je ne peux que vous mettre un 5 (la note la plus basse dans le système de notation en vigueur), me dit-elle, et vos parents diront que je l'ai fait pour venger les petits oiseaux. Mais vous devez admettre que vous ne méritez pas mieux". Je lui expliquai que c'étaient mes professeurs, les religieuses, qui avaient commis l'omission fatale. Elle me donna alors une chance ultime et me demanda quels étaient les produits alimentaires issus du blé. Je lui citai évidemment la farine et je voulus ajouter la semoule mais, ne trouvant pas l'expression correcte en slovaque, j'utilisai le mot familier "griess", qui provient de l'allemand et que tout le monde, à Nitra, comprenait. Elle fit la moue, me corrigea en indiquant le terme exact et finalement me mit un 4, qui n'était pas éliminatoire. C'est ainsi que je fus admis au lycée. J'allais enfin y affronter l'école véritable, et y passer deux années scolaires et demi, jusqu'à notre départ.

Les nuages s'amoncellent

Dans les premiers temps, nous avions pu échapper aux mesures prises à l'encontre des Hongrois. C'étaient en effet les déclarations faites lors des recensements qui servaient de critère pour désigner qui était Hongrois et qui ne l'était pas. Dans l'état multiethnique qu'était la première République Tchécoslovaque, on distinguait les notions de nationalité et de citoyenneté, et les questionnaires des recensements comportaient une rubrique sur l'appartenance ethnique. On pouvait ainsi se déclarer Tchèque, Slovaque, Ruthène, Allemand, Hongrois, Polonais ou Juif. Choisir de se dire Juif était le signe de l'appartenance à une ethnie et non à une confession religieuse. La religion faisait l'objet d'une autre question, où étaient distingués les catholiques, les protestants, les athées et les israélites. On pouvait ainsi se déclarer Juif sans être israélite mais, par exemple, athée. On n'avait pas prévu, lors des recensements d'avant-guerre, le mauvais usage qui serait fait plus tard de ces statistiques, tant à l'égard des Juifs que des Hongrois.

Par un heureux hasard, les grands voyageurs que nous étions s'étaient trouvés à l'étranger au moment de chacun des recensements. Nous n'avions donc pas pu nous déclarer Hongrois, ce que nous aurions certainement fait si les circonstances nous l'avaient permis. Comme je le relaterai plus loin, nous avons utilisé cet argument plusieurs fois, avec des fortunes diverses, pour nous procurer du répit face aux mesures qui nous menaçaient. Mais la pauvre Jolán, sa mère et sa sœur furent expulsées de leur village et transférées en Hongrie dès 1946. Son père était mort et son frère, déporté par les Russes, ne revint jamais. Les trois femmes, qui avaient perdu leur maison et une grande partie de leurs biens, se retrouvèrent soudain dans un village lointain où les autorités hongroises les installèrent à la place d'Allemands, expulsés eux aussi. Elle me raconta beaucoup plus tard comment elles peinèrent, sans argent et sans hommes, à faire éclore sur un petit lopin de terre les quelques légumes et céréales qui leur permirent d'élever un peu de volaille et de subsister.

Dans le livre précédent qui parle de mon enfance, je me suis efforcé de ne raconter que mes souvenirs directs, en y mêlant aussi peu que possible la vision et les connaissances que j'ai acquises adulte. Ainsi, je n'ai relaté de la guerre que les échos fragmentaires qui parvinrent à mon univers juvénile. Mais je crois qu'il serait léger de m'en tenir à ce principe pour évoquer les vicissitudes que mon père dut affronter pendant les années qui conduisirent à l'instauration du régime communiste. Comme je l'ai déjà dit, j'ai vécu cette période de l'après-guerre dans une certaine insouciance, confronté seulement aux problèmes que rencontrent tous les adolescents. Des soucis de mon père, je n'avais deviné que ce que laissait entrevoir son air souvent préoccupé. Comme à son habitude, il parlait peu. De toutes façons, il lui aurait fallu beaucoup de pédagogie pour me faire comprendre ses tentatives pour se battre avec un avocat et des armes légales dans un Etat où le droit, déjà sérieusement atteint sous le régime fasciste précédent, tendait à s'effacer progressivement au profit de la dictature du prolétariat et de l'arbitraire le plus complet. Il n'avait sans doute pas la patience de m'expliquer tout cela. Je comprends aujourd'hui qu'il n'avait pas lui-même le recul nécessaire pour apprécier complètement la situation. Il s'était laissé prendre au mirage d'une légalité factice, à laquelle pouvaient faire croire les lois qui n'avaient pas encore été abrogées, mais qui étaient bafouées par ceux-là mêmes qui auraient dû les appliquer.

Je n'ai réussi à me former une image de son combat qu'après sa mort, lorsque ma mère me remit le dossier de ses démarches. Il l'avait emporté en exil et conservé soigneusement, dans l'espoir de faire valoir ses droits si le régime communiste cessait d'exister. Il attendit longtemps, puis renonça à tout espoir. Il est mort en 1986, à l'âge de cent ans, trois ans trop tôt pour être témoin de l'effondrement du système. Ses précautions n'auront cependant pas été vaines, car ce dossier m'a facilité les démarches entreprises en 1990 pour la restitution de nos biens, qui aboutirent 12 ans plus tard.

La propriété de mon père était relativement modeste, à peine quelques centièmes de l'étendue des immenses latifundia que l'on pouvait, encore avant-guerre, trouver en Hongrie. Après la réforme agraire de la première République Tchécoslovaque et sans doute la vente de quelques terres, il ne lui restait au lendemain de la guerre qu'environ 150 hectares. C'était assez pour attiser les convoitises. Cependant, le pouvoir communiste ne s'est officiellement installé qu'après le coup d'état de février 1948, et les lois permettant la spoliation de tous les propriétaires de biens d'une certaine importance n'ont été introduites qu'après cette date. Mon père pouvait donc, en 1945, se croire à l'abri des menaces. C'était sans compter avec les mesures décrétées à l'encontre des Hongrois et l'imagination, les ruses des "commissions populaires" (národný výbor), sortes de soviets que le parti communiste, usant de son pouvoir d'influence au lendemain de la victoire de l'Armée Rouge, avait réussi à mettre en place au niveau des collectivités locales. Ces commissions étaient des structures parallèles censées incarner le "pouvoir du peuple", préfiguration de la "dictature du prolétariat" qui serait instaurée trois ans plus tard.

La première salve fut tirée dès juin 1945 par la commission de Cétény, village où se trouvait notre propriété. S'appuyant sur les décrets de Beneš ordonnant la confiscation des biens des collaborateurs, des Allemands et des Hongrois (ces trois catégories étant soumises au même traitement), la commission décida de distribuer environ 100 hectares de nos terres aux paysans du village. Il fallut cependant qu'un agitateur vienne inciter les villageois à prendre cette initiative. Ce fut le plus jeune fils de notre jardinier,

Jožo Šódel', dont j'ai déjà parlé en évoquant mes souvenirs d'enfance. Je l'entendis dire à l'époque et j'en ai eu confirmation en découvrant sa signature au bas du compte rendu de la commission, alors qu'il n'avait jamais fait partie des habitants du village.

Mon père fit appel de cette sentence en s'appuyant sur un arrêt de la commission populaire de Nitra laquelle, constatant qu'il ne s'était jamais déclaré officiellement Allemand ou Hongrois et qu'il n'avait pas eu d'activités politiques, autorisait le déblocage de son compte bancaire (bloqué sans doute au lendemain de la libération sur la simple présomption qu'il était Hongrois, sans aucune procédure légale). En août 1945, il obtint encore une attestation d'importance capitale, celle de la "fiabilité nationale et politique" (cette "Spol'ahlivosť" dont j'avais tant entendu parler à l'époque), délivrée par l'organe de vérification de la commission populaire ou "národný výbor" de Nitra. Je suppose que le parti communiste n'avait pas encore réussi à "truster" tous les sièges dans ces "soviets", surtout dans une ville aussi traditionnellement tempérée que Nitra, et que les éléments modérés avaient bien voulu délivrer ces attestations au vieux citoyen connu et sans histoires qu'était mon père.

L'appel interjeté par mon père n'ayant pas produit d'effet — sans doute resta-t-il bloqué au niveau d'une instance malveillante —, il se résigna et, animé de son optimisme coutumier, se mit à exploiter les 50 hectares qui lui avaient été laissés. Il profita du déblocage de son compte bancaire pour réinvestir dans son affaire en rachetant tout ce qui avait disparu pendant la période des combats et de l'occupation russe: semences, bétail, outils agricoles, etc.

Son bonheur (relatif) n'allait pas durer longtemps. A peine une année plus tard, le 30 avril 1946, le soviet de Nitra refusa de confirmer le certificat de "fiabilité nationale et politique", délivré pourtant par la même instance un an plus tôt. Je suppose que cette procédure de confirmation avait été introduite lorsque les éléments communistes acquirent la prépondérance dans les commissions populaires. Un détail milite en faveur de cette interprétation: l'appellation s'était transformée en "certificat de fiabilité envers la nation, l'Etat et la Démocratie Populaire". L'apparition du terme un tantinet pléonastique de "démocratie populaire", promis à la notoriété que l'on a connue par la suite, témoigne de l'influence prédominante prise par l'idéologie communiste. On invoqua contre mon père qu'une enquête avait conclu qu'il était bien de nationalité hongroise et qu'en vertu du décret n° 37/1945 du 2.8.1945 du président de la République (toujours ces fameux décrets de Beneš), il avait donc perdu sa citoyenneté tchécoslovaque.

Le vrai motif de ce refus apparut le 10 juillet 1946, lorsqu'une "commission de confiscation" rattachée au soviet du département de Nitra, en application d'une série de décrets dont je me dispenserai de citer les références, qualifia mon père de traître et d'ennemi de la nation slovaque et de la République Tchécoslovaque. En conséquence, ses propriétés agricoles, où qu'elles fussent situées sur le territoire de la Slovaquie, étaient confisquées avec effet rétroactif au 1er mars 1945. En vertu des décrets cités, cette décision ne pouvait pas faire l'objet d'un appel auprès de la Cour suprême.

Deux jours après, par une décision du 12 juillet 1946, le tribunal populaire du département refusa d'engager des poursuites contre mon père et ma mère, car l'enquête effectuée n'avait pas permis d'établir la réalité d'actes relevant de la loi sur la condamnation des criminels fascistes, des traîtres et des collaborateurs. Mes parents se trouvaient ainsi blanchis des accusations portées contre eux. Mais le mal était fait: la décision de confiscation ne pouvait pas faire l'objet d'un appel, bien qu'elle fût fondée sur des accusations que le tribunal avait aussitôt rejetées. En réalité, il s'agissait d'un scénario monté uniquement pour s'approprier nos biens. Personne ne croyait sérieusement aux accusations dont mes parents faisaient l'objet. Je suis certain qu'il y eut une collusion entre le tribunal et la commission de confiscation, pour que le rejet des accusations intervienne seulement après la délibération de cette dernière. C'était du vol pur et simple, par des voleurs qui cependant ne poussaient pas la cruauté jusqu'à faire emprisonner un innocent. Quelques années plus tard, la solution aurait été plus radicale.

L'ancien avocat de mon père, le Dr Strasser, n'étant pas revenu des camps de concentration, c'est le Dr Stupka, également une ancienne figure de Nitra, qui devint notre conseil juridique. Il est intéressant de noter que l'avocat qui m'a assisté dans la procédure de restitution, le Dr Turi-Nagy, était alors jeune stagiaire dans ce même cabinet et se souvient d'avoir rencontré mon père. Ce que son patron d'alors n'avait pas su obtenir, le jeune stagiaire, devenu un vieil homme, l'a finalement réussi. Il est vrai qu'entre-temps les conditions avaient changé... .

Bien que la décision ne fût pas susceptible d'appel, l'avocat de mon père tenta l'impossible. Il introduisit auprès de la commission une requête en révision de la procédure de confiscation. Détail comique, respectant le formalisme d'usage, survivance d'un autre temps — celui de la monarchie —, la requête s'adressait à l'"Illustre Commission". Lorsque l'on songe à la collection d'arrivistes douteux, souvent d'anciens fascistes, qui composaient cet aréopage, on ne peut s'empêcher de trouver cette formule parfaitement incongrue.

Les motifs invoqués dans cette requête concernaient d'abord des vices de forme. En effet, contrairement à la loi, les documents sur la base desquels la décision avait été prise ne furent pas communiqués à la partie concernée, qui ne fut pas non plus entendue au cours de la procédure. Venaient ensuite des arguments concernant l'appartenance ethnique, la nationalité comme on disait. Bien qu'il fût évidemment Hongrois, mon père se défendait comme il le pouvait, en prétendant qu'il était Slovaque, un peu comme les Juifs cherchèrent à se protéger d'une menace plus grave en se faisant baptiser. Il avait réussi à se procurer, en septembre 1945, une attestation de l'Office des statistiques, assurant que lors du recensement de 1930 il avait déclaré être de nationalité slovaque. Les archives de ce recensement ayant peut-être disparu, un fonctionnaire complaisant avait accepté, sans doute en échange d'une petite récompense, de nous délivrer ce papier. Concernant les recensements de 1938 et de 1940, deux autres attestations étaient jointes à la requête, certifiant qu'à ces dates nous nous trouvions à l'étranger. Suivaient ensuite des arguments, d'abord linguistiques, mon père affirmant qu'il maîtrisait la langue slovaque (ce qui était vrai) et que son fils fréquentait le lycée slovaque de Nitra, puis politiques, réfutant l'appartenance à un quelconque parti à caractère ethnique, fut-il hongrois ou allemand. Arrivait enfin l'argument principal: la mise en accusation (en examen, dirions-nous aujourd'hui) pour trahison et activités ennemies, basée sur une dénonciation des futurs bénéficiaires de la spoliation, avait été annulée faute de preuves par le tribunal deux jours plus tard (l'avocat ne jugea pas opportun d'invoquer la présomption d'innocence, principe qui eût sans doute paru extravagant à cette époque de non droit).

Je ne sais ce qui fut répondu à ces arguments, mais il est certain que la demande en révision fut rejetée. En septembre 1946, l'avocat s'adressa à la Cour suprême en lui demandant de se saisir de la requête en annulation présentée, malgré la "non-appelabilité" des décisions de la commission de confiscation. En effet, selon la constitution, la Cour suprême pouvait et devait se saisir de tous les cas où un citoyen se plaignait d'avoir été lésé dans ses droits fondamentaux par la décision d'un organe officiel. Suivaient ensuite les arguments déjà évoqués ci-dessus. La Cour suprême prit son temps et répondit un an plus tard, en septembre 1947. Les attendus de l'arrêt, formulés dans un jargon juridique truffé de références à des paragraphes de lois, peuvent être ainsi résumés: il existe des exceptions à la compétence universelle de la Cour suprême, et ce n'est pas à celle-ci de décider si ces exceptions sont constitutionnelles ou non. Sans le dire, l'arrêt nous renvoyait vers la Cour constitutionnelle.

Il va sans dire que dans les circonstances d'alors, mon père et son avocat ne poursuivirent pas leurs démarches dans cette direction. Je ne sais même pas si la Cour constitutionnelle pouvait être saisie par un simple citoyen. Ce qui est frappant, c'est que ce déni de justice s'était accompli derrière un masque de légalité, avec force procédures et invocations de lois et décrets divers. C'était le simulacre d'un Etat de droit. Tout cela se déroula avant le fameux coup de Prague qui, en février 1948, renversa le régime et amena les communistes au pouvoir. A l'époque, le monde entier s'émut de la disparition brutale d'une démocratie. Si l'on accepte que l'Etat de droit est constitutif de la démocratie, il faut admettre que la démocratie tchécoslovaque était déjà bien malade avant même que le coup de Prague ne lui eût donné l'estocade finale.

La confiscation de nos terres semblait acquise mais, lavés des accusations portées contre eux, mes parents purent bénéficier quelques mois de la clémence des autorités. Ainsi, le ministère de l'intérieur annula le refus de délivrer le fameux "certificat de fiabilité envers la nation, l'état et la démocratie populaire" et nous obtînmes ce papier essentiel en janvier 1947.

Encore une fois, notre relatif bonheur n'allait pas durer. De peur sans doute que notre respectabilité politique ainsi restituée ne nous permette d'obtenir malgré tout la restitution de nos terres confisquées, les parties intéressées se lancèrent dans une autre offensive. Un nouvel enjeu était venu leur aiguiser l'appétit.

Dans la décision de la commission de confiscation, une remarque incidente précisait que cette dernière concernait tous les biens agricoles, où qu'ils se trouvent sur le territoire de la Slovaquie. Il suffisait de déclarer notre villa bien agricole et l'ensemble, terrain et constructions, tombait sous le coup de la confiscation. Certains postulants, et il faut sans doute compter parmi eux la famille de notre ex-jardinier, tirèrent prétexte de l'existence d'une petite vigne derrière la maison et obtinrent des autorités qu'il en fût décidé ainsi.

Mon père sentit venir le coup. Pour ne pas être accusé d'occuper seul, avec sa famille, une villa de 600 m^2, il loua une partie de la maison à la gendarmerie qui y établit son poste de Zobor. Une autre partie fut louée à l'un des gendarmes. Je crois même que mon père finit par lui vendre le logement qu'il occupait. Nos deux plus belles pièces furent encore louées à nos amis,

Gyuri et Sonia Nemes, sur lesquels je reviendrai par la suite. Après cela, nous n'occupions plus que trois pièces de l'ensemble. Les loyers perçus servirent à nous faire vivre après la perte de nos revenus agricoles.

L'attaque vint d'un côté où nous ne l'attendions pas. Le soviet de Nitra mandata l'inspection des écoles pour enquêter sur celles que j'avais fréquentées jusqu'à la fin de la guerre. Une telle initiative ne pouvait avoir été inspirée que par des initiés; une fois de plus, mes soupçons se portent sur le fils de notre jardinier, Jožo Šódeľ. Dans son rapport du 20 mars 1947, l'inspecteur constatait que j'avais été inscrit jusqu'en 1942 à l'école primaire hongroise du village de Branč. Il en concluait que "si le susnommé était inscrit à l'école hongroise dans un village où existait également une école slovaque, il ne pouvait y avoir de doute sur sa nationalité". Cette brève description me dispense de qualifier le procédé.

A nouveau, mon père contre-attaqua par toutes les voies légales à sa disposition. Sur la question de la nationalité, il produisit une déclaration sur l'honneur de nos deux amis, le révérend Petrášek et monsieur Zalka, attestant qu'à la maison nous parlions exclusivement slovaque. C'était un pieux mensonge et un faux témoignage, que les circonstances pouvaient cependant absoudre. L'attestation était contresignée par le commandant du poste de gendarmerie stationné dans notre maison. Les signataires étaient d'honnêtes Slovaques qui voulaient nous aider et qui n'approuvaient pas la persécution dont nous étions l'objet.

Avant la Première Guerre, mais aussi entre les deux guerres, Nitra était une ville mixte où une minorité de plusieurs milliers de Juifs cohabitait avec des Hongrois et des Slovaques chrétiens. Les oppositions tranchées entre ethnies n'existaient que dans la tête de quelques excités, et de nombreux habitants auraient trouvé incongru qu'on leur demande s'ils étaient hongrois ou slovaques. Ils parlaient les deux langues et mettaient leur citoyenneté locale au-dessus de l'appartenance ethnique. De nombreuses années plus tard, en 1994 je crois, je rendis visite à la dernière survivante de la famille Moravec, nos voisins d'antan. Au cours de la conversation qui se déroulait en hongrois, je lui demandai si, au fond, sa famille était slovaque ou hongroise. Elle me regarda avec étonnement et un peu de désapprobation: "Comment peux-tu poser une telle question?" Je n'insistai pas. Je ne sais toujours pas ce qu'elle a voulu me dire exactement. Il est symptomatique, en tout cas, que j'aie ressenti le besoin de l'interroger sur ce point. Enfant, j'avais toujours entendu les Moravec parler les deux langues et je n'aurais pas su répondre à la question que d'ailleurs, à l'époque, je ne me posais pas.

Mon père obtint de la ville de Nitra un document attestant que notre maison était située dans un quartier résidentiel et nullement dans une zone agricole. Durant l'été 1947, il introduisit jusqu'à quatre requêtes auprès de différentes instances du "ministère de l'agriculture et de la réforme agraire" (c'était le nouveau nom de cette administration), rappelant ses arguments contre la saisie de ses terres et sollicitant qu'en attendant l'aboutissement de sa requête générale, les autorités veuillent au moins surseoir à l'exécution de la mesure de confiscation de notre maison. Invoquant la jurisprudence, il se référait aussi à un jugement de mai 1947 qui avait annulé la confiscation de plusieurs maisons d'un village voisin, survenue sous le même prétexte qu'elles étaient entourées de jardins ou de petites vignes.

Le coup d'état communiste eut lieu en février 1948. Le 19 avril 1948 nous reçûmes une notification du ministère de l'agriculture: notre appel contre la décision de la commission de confiscation du 10 juillet 1946 était rejeté au motif... qu'il était sans fondement! Ainsi, la possibilité d'un appel avait été finalement admise, quitte à ce qu'il soit rejeté. L'affaire était close. La confiscation ne profita cependant pas à la famille de notre ex-jardinier, qui avait tant intrigué contre nous, car la maison devint propriété de la ville de Nitra. Celle-ci, en tant que nouveau propriétaire, exigea de nous le paiement d'un loyer pour les locaux que nous occupions dans notre propre demeure. Le combat de trois années, qui avait usé les nerfs de mon père, se terminait par la défaite. Près de cinquante ans après, la suite montra qu'il n'avait pas été vain. En effet, la loi sur les restitutions, promulguée en 1990 par la Tchécoslovaquie post-communiste ne prévoit que la restitution des biens confisqués après le coup d'état communiste. En sont exclus les biens expropriés avant cette date, par exemple en application des décrets de Beneš qui n'ont toujours pas été révoqués. Continuellement relancée par son avocat imaginatif, la procédure d'appel introduite par mon père avait retardé la décision définitive, qui fut prise après la date fatidique de février 1948. La spoliation subie par mon père put ainsi entrer dans le champ d'application de la loi de 1990. Au terme d'un nouveau combat de plus de dix ans, les biens confisqués, ou leur contre-valeur, m'ont été restitués aujourd'hui.

J'aurai l'occasion d'évoquer plus loin les démêlés de mon père avec les autorités dans les mois qui précédèrent notre départ. Les bénéficiaires de nos terres confisquées ne profitèrent pas longtemps des lots de quelques hectares qui leur furent attribués. L'arrivée des communistes au pouvoir fut suivie peu de temps après de la collectivisation des exploitations agricoles. Les paysans furent forcés d'abandonner leurs terres aux kolkhozes, c'est-à-dire aux fermes coopératives mises en place par le pouvoir. Celles-ci ignoraient un principe de base de la coopération: la liberté de l'adhésion. Théoriquement, les terres restaient la propriété des membres, mais ceux-ci avaient perdu tout pouvoir de décision et devinrent ou redevinrent de simples ouvriers agricoles. On leur prit jusqu'aux quelques terres qu'ils avaient pu posséder avant le bénéfice de distributions comme celle qui eut lieu à notre détriment. De nombreuses années plus tard, avec la chute du communisme, les coopératives furent obligées d'offrir à leurs adhérents le choix de reprendre leurs terres ou de les laisser dans la gestion collective, mais cette fois librement.

Pour répondre aux questions que le lecteur pourrait se poser, j'anticipe sur le récit de mes démarches de restitution. Je n'ai pas récupéré les terres de Cétény, car la loi de restitution, qui s'appelle en réalité "loi portant sur la réparation de certains préjudices", ne prévoit pas de déposséder les propriétaires privés, supposés être de bonne foi. Au lieu des terres d'origine, on m'attribua ailleurs une surface équivalente propriété de l'Etat. La maison est restée propriété publique jusqu'à ce qu'elle me fût rendue. Je dirai plus loin quelles furent, pendant la période communiste, les affectations successives de la belle demeure qui avait abrité mon enfance.

En décrivant les stations du calvaire de mon père, j'ai senti monter en moi une colère qui doit être perceptible dans les lignes qui précèdent. Lorsque, après sa mort, ma mère me remit le dossier des démarches, je ne le parcourus alors qu'assez rapidement. Au début de la procédure de restitution, je confiai tout le dossier à mon avocat, sans l'avoir relu. C'est donc en cherchant pour mon récit à reconstituer avec précision les étapes du combat de mon père que j'ai pris pour la première fois toute la mesure du déni de justice dont nous avions été victimes. Je ne me souviens pas d'avoir éprouvé un tel ressentiment à l'époque des faits. J'étais trop occupé par mes études et mon effort d'assimilation au sein du lycée slovaque. Du reste, je n'avais rencontré aucune hostilité, ni de la part de mes camarades, ni de celle des professeurs, du fait de mes origines hongroises que tout le monde connaissait.

Je n'en veux pas vraiment aux paysans du village qui profitèrent des circonstances pour s'approprier cette terre qu'ils avaient sans doute convoitée depuis toujours au fond d'eux-mêmes lorsque, petits fermiers ou ouvriers agricoles, ils la labouraient sans qu'elle leur appartînt. Ils se seraient d'ailleurs probablement contentés d'un partage raisonnable, tel celui du début, auquel mon père s'était si bien résigné qu'il avait même commencé à investir dans ce qui lui restait de sa propriété. Mais des agitateurs, mus et protégés par une idéologie communiste et la discrimination ethnique envahissantes, poussèrent la spoliation à son degré extrême, avant de tout reprendre aux malheureux paysans grugés. Ce mécanisme habituel dans la phase d'établissement des systèmes communistes était ici particulièrement odieux, car il s'accomplissait dans une république qui se revendiquait encore comme démocratique, et il ne concernait qu'une minorité ethniquement discriminée.

Le lycée slovaque de Nitra

En septembre 1946, je commençai les cours au lycée de Nitra. Les années d'étude au lycée, appelé "gymnasium" en Tchécoslovaquie comme dans les pays voisins, s'étendaient sur huit classes répondant à des noms latins, de la "prima" à la "octava". Les deux premières années, j'avais été inscrit au lycée hongrois de Bratislava comme élève privé instruit à domicile. En septembre 1944, j'entrais en troisième classe, mais je perdis la moitié de l'année du fait des événements. Je passai donc l'année scolaire 1945/1946 chez les bonnes sœurs à étudier les programmes des troisième et quatrième classes et à apprendre correctement le slovaque. Ce fut une année assez chargée, au terme de laquelle je fus admis en "quinta". J'avais hâte de devenir un vrai lycéen, de délaisser les études solitaires que j'avais connues jusqu'alors et d'avoir des camarades de classe comme tous les jeunes de mon âge. Pendant toutes ces années, j'avais envié les élèves qui allaient normalement en classe, et je m'étais fait une image idéalisée de l'école. Je connaissais un ou deux jeunes de Nitra que j'allais retrouver au lycée à la rentrée. Rencontrant l'un d'eux un jour d'été, je lui dis que j'attendais avec impatience le début de l'année scolaire. Il me regarda d'un air fort étonné et se mit à rire. Mon engouement devait lui paraître aussi bizarre que suspect et témoignait sans doute d'une inclination au fayotage.

Il y avait entre 25 et 30 élèves dans la classe, dont environ 5 filles assises ensemble au premier rang. J'étais parmi les plus jeunes, certainement le moins aguerri, peu sportif de surcroît, ne sachant pas du tout me bagarrer. Les quelques redoublants tapis au fond de la classe, grands gaillards aux vêtements étriqués pour leur âge, virent arriver avec intérêt cette proie idéale. J'en fis l'expérience les premiers jours. Dans la cour, ils me molestaient à tour de rôle dans l'indifférence générale, en me poussant dans un renfoncement d'où je ne pouvais m'échapper. Je voyais avec appréhension arriver l'heure des récréations et j'accueillais chaque fois avec soulagement la sonnerie qui en marquait la fin. L'image idyllique d'une classe où règnent la camaraderie et l'amitié se dissipa pour laisser la place à une vision plus pessimiste des rapports humains. Cette situation dura quelques semaines ou quelques mois, puis je finis par m'intégrer à la classe. Sans doute mes persécuteurs se lassèrent-ils de jouer au chat et à la souris avec moi. Rompant son isolement initial, la souris se fit également des amis dans la classe. A la fin de l'année, j'avais plusieurs copains et deux vrais amis. L'un d'eux, Karol Zverka, était le premier de la classe. Il était assis devant moi au premier rang. Nous habitions tous deux au pied du mont Zobor, pas très loin l'un de l'autre, et je pouvais facilement me rendre chez lui. Son père était cadre à la poste. Ils habitaient dans une des maisons du lotissement construit pour les fonctionnaires de cette administration. L'autre était assis à côté de moi et se nommait Milan Vinczúr. C'était un fils de paysans originaire d'un village de la vallée de la Nitra, qui logeait pendant la semaine dans un internat. Tous deux étaient slovaques et ne parlaient pas un mot de hongrois. Je ne sais plus si nous avions choisi nous-mêmes nos places par affinité ou si celles-ci nous avaient été affectées d'office et si la proximité quotidienne nous permit de bien nous connaître et de devenir amis. Certains cours avaient lieu dans un amphithéâtre avec la classe de "quinta" jumelle. Mes deux amis et moi, nous nous arrangeâmes pour y occuper aussi des places voisines.

Assez rapidement, quelqu'un m'inventa un sobriquet qui fut repris par toute la classe, sauf mes amis, et qui me resta jusqu'à mon départ. En m'appelant "fakir", on voulait au début se moquer de moi, mais ce surnom devint ensuite une appellation affectueuse. Certains professeurs qui m'aimaient bien l'utilisaient même en souriant lorsqu'ils m'invitaient à venir au tableau. J'étais assez maigre et mes origines, ma connaissance des langues, me désignaient comme quelqu'un d'un peu étranger, voire d'étrange. Mon savoir-faire dans le domaine de la radio, dont je devais me vanter pour essayer d'en imposer à mes camarades, pouvait me donner l'image d'un apprenti magicien. Maigre, étranger, magicien: le surnom ne fut pas difficile à inventer.

Pendant les deux années scolaires et demi que j'ai passées au lycée de Nitra, la composition de notre classe ne changea guère. Un ou deux élèves partaient ou redoublaient, quelques nouveaux arrivaient, mais la majorité de mes camarades grimpaient ensemble dans la classe supérieure. Des amitiés se tissaient, des inimitiés aussi, en se renforçant d'année en année. Les professeurs restaient les mêmes, y compris le professeur principal qui accompagnait tout notre parcours scolaire et finit par présenter sa classe (mais c'était déjà après mon départ) à la "matura", c'est-à-dire au baccalauréat, dont les épreuves se déroulaient dans le lycée.

Mis à part notre professeur principal, qui enseignait l'histoire et la géographie, l'ensemble du corps professoral était plutôt sympathique. Il existait cependant une grande distance entre les élèves et les enseignants. Celle-ci n'était pas liée à leur personnalité, mais faisait partie du système. Ce n'est que plus tard, en France, que je me suis rendu compte combien les rapports avec les professeurs pouvaient être différents. A Nitra, comme certainement dans toute cette partie de l'Europe influencée par le modèle allemand, on se contentait d'écouter l'enseignement du maître en prenant son cours en dictée. Il n'était pas pensable de poser des questions, encore moins de discuter avec lui, même après le cours. On devait tirer au clair avec ses camarades ce qu'on n'avait pas compris ou ce qu'on n'avait pas réussi à noter. Le professeur engageait parfois un dialogue avec tel ou tel élève, souvent sur le ton de la plaisanterie, mais l'initiative lui en était exclusivement réservée.

Le cours de slovaque portait essentiellement sur la littérature, slovaque bien entendu, mais aussi mondiale, avec une place d'honneur réservée à la littérature tchèque. Il n'y avait pas de dissertations, il fallait seulement apprendre par cœur ce que M. Hlavatý nous dictait. Un tel enseignement paraîtra certainement très primitif aux yeux d'un lecteur français, cependant le peu que je sais de l'histoire littéraire italienne, espagnole ou anglaise, je l'ai appris au gymnasium de Nitra. C'est là que j'ai entendu parler des *Contes de Canterbury* ou des *Promessi Sposi.*

Les mathématiques étaient enseignées un peu de la même façon. Il peut sembler étrange de rapprocher deux matières aussi différentes que les lettres et les maths, mais dans les deux disciplines prévalait le même esprit. Il s'agissait de donner, sans trop approfondir les sujets, un éventail de connaissances aussi large que possible, une culture générale, dont les aperçus permettraient aux futurs étudiants de choisir leur discipline, tout en conservant un vernis honorable sur les autres. Ainsi, en mathématiques, à deux classes du baccalauréat, on nous dispensait déjà des notions de calcul différentiel et intégral, qu'en France je n'ai retrouvées qu'en terminale de "mathématiques élémentaires". Mais on faisait beaucoup moins d'exercices et on ne passait pas des semaines à tourner et retourner dans tous les sens des sujets ennuyeux comme la relation de Chasles (si elle était enseignée, ce n'était pas sous ce nom-là). C'était un enseignement d'éveil et de motivation, surtout dans les sciences dites exactes.

Comme j'avais déjà assez de problèmes avec le slovaque, mes parents avaient prié les religieuses de me préparer à l'admission de la section moderne du lycée, sans latin. Ainsi, je n'avais que deux cours de langues, toutes deux vivantes. Avec l'arrivée de l'Armée Rouge, le russe était devenu la première langue obligatoire. Quant à la deuxième langue, je n'avais guère le choix non plus. L'enseignement de l'allemand avait sombré avec le Troisième Reich et je crois qu'il n'y avait pas de cours d'anglais. Le français s'imposa donc automatiquement, ce qui m'arrangeait bien.

Le corps professoral était essentiellement masculin (les carrières d'enseignement n'avaient pas encore été abandonnées quasi exclusivement aux femmes). Cela dit, les deux langues vivantes étaient enseignées par des femmes toutes deux jeunes et attirantes. Sans doute à cause de mes dons linguistiques, je devins rapidement leur chouchou. Le professeur de russe était une belle brune aux traits asiatiques qui venait visiblement d'Union Soviétique. On disait qu'elle avait épousé un Slovaque. Quoi qu'il en soit, elle maîtrisait mal l'idiome de son pays d'adoption et nous parlait le plus souvent dans sa langue. Quand la classe commençait à bruire de bavardages, elle nous assénait péremptoirement un "tichina!", mot qui veut dire silence en russe et qui devint rapidement son surnom. Langue slave, le russe est cousin du slovaque. Aussi, une fois surmontée la difficulté de l'alphabet, n'avions-nous pas trop de difficultés à l'apprendre. Il fallait faire attention aux "faux amis", le même mot pouvant avoir des significations différentes dans chacune des langues. Ainsi, le mot slovaque "krásný" veut dire beau, alors que le nom russe de l'armée soviétique est "krasnaïa armiïa", qui ne désigne pas une "belle armée", mais l'"Armée Rouge", car "krasnaïa" signifie rouge (au féminin), belle se disant "krasivaïa". Et certes, l'armée soviétique n'était pas belle, mais rouge. Malgré la parenté des deux langues, il y avait aussi un vocabulaire spécifique qu'il fallait apprendre. Je trouvais amusant de découvrir l'origine française de certains termes. Par exemple, crayon se dit "karandache", d'après Caran d'Ache, dessinateur suisse qui avait sans doute donné son nom à la marque de crayons importée dans l'ancienne Russie. Le mot "sakvoïage", "valise", est la transposition phonétique de "sac de voyage". Le mot d'origine bien slave mais à consonance chinoise: "pagoda", ne désigne pas un temple oriental mais le temps qu'il fait. Et puis, le russe a certaines particularités curieuses. Ainsi, le verbe "avoir" n'y existe pas. Au lieu de dire "j'ai du pain", on dit "chez moi pain". Est-ce cette absence du verbe possessif qui prédestina la Russie à devenir le berceau du communisme réduisant la propriété privée à la portion congrue?

Tichina nous fit aussi connaître et aimer la littérature russe. Le temps n'était pas encore venu où on proposerait aux élèves l'analyse de textes de ce genre: "Nikita le tractoriste partit à l'aurore vers les immenses champs de blé inondés de lumière en chantant, le cœur rempli de bonheur, une chanson à la gloire du socialisme…". Elle nous enseigna les grands auteurs classiques: Pouchkine, Lermontov et d'autres. Elle nous demandait parfois d'apprendre par cœur une poésie et je pouvais être certain qu'au cours suivant, avec un sourire malicieux, elle appellerait au tableau son cher "fakir" pour la réciter. Etre le chouchou de Tichina avait ses inconvénients, sans compter les quolibets de la queue du peloton… .

J'ai des souvenirs moins précis à propos de la jeune femme blonde qui nous enseignait le français, sans doute parce que, dans cette matière, j'occupais sans effort la première place. Le souvenir que laissent l'effort et les épreuves est plus durable que celui qu'imprime un bonheur facile. Je ne me rappelle pas qu'elle nous ait enseigné la littérature française, elle devait en laisser le soin au cours de littérature mondiale de M. Hlavatý. Elle nous faisait cependant apprendre quelques poèmes et je me souviens encore du bonheur que m'inspirait la musique de ces vers de Lamartine:

Salut, bois couronnés d'un reste de verdure,
Feuillages jaunissant sur les gazons épars...

Elle cherchait à nous initier aussi à la France moderne et vivante. Un jour, accompagnée à la guitare par un garçon de la classe, elle nous donna, de sa jolie voix, un récital des chansons françaises à la mode.

A l'époque, il n'y avait pas de réseau d'autobus à Nitra et je mettais environ une demi-heure pour aller au lycée à pied. L'itinéraire que j'empruntais est resté gravé dans ma mémoire. Lorsque, ces dernières années, je reprenais pour aller en ville le même chemin, j'avais l'impression que le temps s'était aboli. Même si elle porte la trace des ans, la passerelle par laquelle je franchissais la rivière est toujours là, le parc de l'ancienne île semble toujours le même, avec ses grands arbres qui existaient déjà lorsque, fatigué de porter mon lourd cartable, je m'asseyais à leur ombre. L'hiver, la rivière gelait et on pouvait la traverser à pied. Elle avait été canalisée quelques années auparavant pour prévenir les inondations du printemps, qui nous coupaient de la ville pendant plusieurs jours. Les anciens parmi les élèves qui habitaient à Zobor évoquaient parfois avec nostalgie les vacances forcées que leur offraient naguère les débordements de la Nitra.

Le départ pour le lycée

Je prenais rarement par le pont routier en aval de la passerelle, car cela me faisait faire un trop grand détour. Il avait été détruit pendant les combats et fut remplacé, pendant les premières années de l'après-guerre, par un pont provisoire en bois. Lorsque le dégel arrivait après un rude hiver, des soldats prenaient position sur le côté tourné vers l'amont et tiraient au fusil sur les grandes plaques de glace qui dérivaient sur l'eau. Il était étonnant de voir de petites balles, qui ne mesuraient que quelques millimètres, faire éclater de gros blocs de glace, épais et larges au point de menacer les piles du pont. En pareil cas, ce spectacle valait la peine que je fasse un détour sur le chemin de l'école.

Plusieurs fois dans l'année, le lycée s'ébranlait par rangs de trois vers l'un des deux cinémas de la ville. Dans un savant équilibre, on nous projetait alternativement un film soviétique et un film occidental, généralement anglais ou américain. Je vis ainsi un beau film russe, d'après *La mère* de Maxime Gorki, qui tranchait nettement sur les nombreux films de propagande vantant l'héroïsme des soldats de l'Armée Rouge. Nous ignorions alors que Gorki fut assassiné sur ordre de Staline, ce qui n'empêcha pas le dictateur de lui organiser de grandioses funérailles nationales. Je me souviens aussi d'un film américain sur la vie de Gershwin. C'est là que j'ai entendu pour la première fois *Rhapsody in Blue* et *Un Américain à Paris*, qui me firent tous deux grande impression. Je fus étonné qu'au faite de sa gloire new-yorkaise, Gershwin ait choisi de se rendre à Paris pour rencontrer un compositeur français inconnu de moi (je sais maintenant que c'était Maurice Ravel) et obtenir ainsi une reconnaissance internationale. Les auteurs du film semblaient fiers de la réponse donnée à leur héros, non sans une pincée de condescendance: "Restez donc comme vous êtes, mon cher Gershwin". Tel était encore le prestige de la France en Amérique.

Durant ces quelques années qui nous conduisaient lentement vers l'instauration du communisme, l'enseignement religieux obligatoire existait encore. Dans les classes supérieures, le catéchisme simpliste que j'avais connu à l'école primaire était remplacé par une sorte de réflexion philosophique destinée à élever un rempart contre l'athéisme envahissant. Les communistes auraient été bien inspirés de laisser se perpétuer un tel enseignement, car il servait plutôt de repoussoir, tant il était truffé de raisonnements d'une sottise confondante. Un exemple particulièrement idiot m'est resté en mémoire. Les auteurs du texte partaient en guerre contre la représentation scientifique du cerveau comme siège de l'intelligence. "Les savants prétendent" — écrivaient-ils — "que le fonctionnement du cerveau est basé sur le phosphore (on utilise bien encore aujourd'hui, en français, le terme de phosphorer). Or, on sait que les poissons contiennent plus de phosphore que le corps humain. Ils devraient donc être plus intelligents. Cela n'étant pas le cas, toute la théorie scientifique tombe à l'eau" (c'était le cas de le dire!). CQFD. Il s'agissait d'un manuel scolaire ayant bien entendu reçu l'aval des autorités ecclésiastiques.

Comme je l'ai raconté dans le volume évoquant mon enfance, mes parents avaient fait quelques efforts pour m'intéresser aux sciences et à la gymnastique. Si leurs actions en faveur de la science furent couronnées de succès, tel n'était pas le cas pour les exercices physiques. Le portique qu'ils avaient fait installer ne suffit pas à faire de moi un gymnaste habile, et on se souvient peut-être de mes mésaventures lorsque je voulus skier à l'extérieur de l'aire protégée de notre jardin. Je ne manquais pourtant pas de l'envie de réussir, mais j'étais malhabile et peut-être trop prudent, pas assez casse-cou, en un mot un peu trouillard. Tout ceci me prédestinait à être en gymnastique le plus mauvais élève de la classe, ce que je devins en effet. Dans notre belle salle de gymnastique bien équipée, comme une monture qui refuse l'obstacle, je prenais mon élan puis, au dernier moment, je renonçais toujours à sauter par-dessus le cheval d'arçon.

L'exploit que je réalisai lors d'une compétition de ski organisée par notre professeur d'éducation physique dans la forêt de Zobor, n'en étonna que davantage mes camarades et notre maître. La piste étroite et creuse serpentait entre les arbres. Il n'y avait aucun moyen de freiner, surtout avec des skis en bois dépourvus de carres. Il fallait se laisser aller en évitant de tomber avant l'arrivée. C'est ce que je fis en adoptant la posture peu élégante, mais efficace, consistant à écarter le plus possible les skis. Après la ligne d'arrivée, je tentai vainement de m'arrêter et je dus me laisser tomber pour ne pas m'écraser contre les arbres qui fermaient la piste. Faisant piteuse figure, j'attendis sans grand espoir que tous les concurrents fussent descendus. Le chronomètre me permit alors de prendre ma revanche: j'avais réalisé le troisième meilleur temps. Au cours de gymnastique suivant, la remise de ma médaille de bronze ne manqua pas d'être accompagnée de quelques remarques ironiques sur cette prestation étonnante, devant probablement rester unique dans mon parcours éducatif.

Un de mes camarades, un certain Žila, proposa un jour de m'initier à la boxe. C'était un Tchèque sympathique et cultivé, avec lequel je m'entendais bien. Voyant ma misère sportive, voulut-il m'aider ou bien me jouer une farce? Après avoir attendu le départ de nos camarades, il m'enfila une paire de gants et m'expliqua quelques rudiments. En position classique, nous protégeant le visage avec nos gants, le combat s'engagea d'abord gentiment. Quelques coups légers furent échangés. J'essayai en vain d'atteindre mon rival à la tête, car il réussissait à parer toutes mes tentatives. Finalement, après quelques minutes, Žila m'asséna un uppercut un peu plus fort qui déclencha aussitôt chez moi un violent mal de tête, et le combat s'interrompit. Je compris alors que mes tendances céphalalgiques m'interdisaient à tout jamais de pénétrer sur un ring… .

Une fois l'an, au printemps avant la saison chaude ou en automne avant les grands froids, le lycée partait en grande randonnée dans la campagne environnante. Le départ était fixé très tôt, vers 7 heures. Il faisait encore sombre lorsque la grande troupe s'ébranlait. Nous mettions environ 9 heures à effectuer les 30 kilomètres du parcours, les quelques arrêts pour nous reposer et manger notre casse-croûte inclus. Partis au crépuscule du matin, nous rentrions à la nuit tombante, fourbus, les pieds endoloris, mais remplis de la sensation de bien-être que procure le grand air. Le reste de la soirée était consacré au pansement des ampoules dues aux gros godillots ou aux bottes enfilés pour l'occasion. Nous ne disposions évidemment pas des chaussures robustes et légères que les randonneurs contemporains se procurent au "Vieux Campeur". Les jours suivants, les conversations au lycée tournaient autour des petits évènements comiques qui avaient émaillé la promenade: un tel qui avait perdu sa chaussure dans la boue profonde d'une ornière, un lièvre débusqué par notre avant-garde dans un champ de betteraves, qui avait filé comme l'éclair s'abriter dans un bosquet à la lisière du champ, l'énorme casse-croûte emporté par le plus corpulent de nos professeurs… Je vois encore notre longue file s'étirant entre champs et pâturages, dans le paysage doucement vallonné où se profilait au loin la silhouette familière du mont Zobor.

Nous n'avions que des relations de pure camaraderie avec les cinq ou six filles de notre classe. Assises ensemble au premier rang, elles paraissaient n'être préoccupées que par leurs études. Elles étaient vêtues sobrement, sans maquillage, ni même de rouge aux lèvres. Il était impensable qu'une idylle se noue au lycée entre un garçon et une fille. On était loin des pratiques actuelles où, dès la sixième, des couples de petits garçons et petites filles se forment pour "sortir" ensemble et échanger quelques "smacks" baveux pendant les récréations.

Je réussissais sans trop d'efforts à être un bon élève, sans être parmi les tous premiers. Je m'intéressais spontanément à la physique et à la chimie, les langues ne me posaient aucun problème, j'aimais le cours de littérature et les autres matières, à l'exception de l'éducation physique, ne me créaient pas non plus de difficultés. Je n'avais donc pas trop de travail scolaire à la maison. L'après-midi, il n'y avait pas de cours et on ne nous donnait que peu de devoirs. Une fois les leçons apprises, je pouvais consacrer mon temps libre à mes occupations préférées. Mais avant de parler d'elles, il faut que je revienne à l'organisation de notre vie dans la maison de Zobor. Celle-ci avait changé plusieurs fois sous la pression des évènements et l'amenuisement de nos ressources.

L'installation dans le provisoire

Comme je l'ai déjà écrit, après le départ des Russes nous n'avions repris possession que d'une partie de la maison. Nous avions gardé les deux pièces dans lesquelles nous nous étions réfugiés lorsque notre maison avait été réquisitionnée par la compagnie de transmissions, en y adjoignant la cuisine. La petite chambre de la cuisinière attenante devint notre salle à manger. Notre amie Sonia Nemes m'a rappelé récemment pourquoi nous n'avions pu emménager dans les chambres qui avaient été la mienne et celle de mes parents. Le toit au-dessus de la partie centrale de la maison avait été endommagé lors du bombardement ou des combats et, l'automne venu, l'eau de pluie avait fini par traverser le plafond. Mon père n'avait plus assez d'argent pour faire réparer les dégâts. Sans doute avaitt-il jugé plus important de réinvestir dans son exploitation agricole les sommes qu'on lui avait provisoirement débloquées sur son compte en banque.

Quant au reste de la maison, mon père loua l'aile ouest, les anciennes chambres de ma sœur, de ma tante et de ma grand-mère à la gendarmerie qui y établit son poste de Zobor. Il le fit pour compléter nos ressources financières, mais aussi pour empêcher que ces locaux ne fussent attribués d'autorité à des occupants moins solvables. Le chef Bahelka était un gros gendarme débonnaire avec lequel nous entretenions d'excellents rapports. Ses subordonnés étaient, comme lui, partisans de l'ordre, discrètement mais fondamentalement hostiles à l'illégalité révolutionnaire grandissante. A leurs yeux, nous représentions un monde passé qu'ils regrettaient sans doute. A la demande de mon père, ils établissaient avec complaisance les certificats de leur compétence dont il avait besoin pour ses démarches juridiques. Comme aujourd'hui encore en France, la gendarmerie était un corps de maintien de l'ordre ancien et rural, à l'esprit conservateur. Elle fut dissoute après l'avènement au pouvoir des communistes.

Un jour, je construisis avec des pièces récupérées deux téléphones, que j'installai chez nous et chez nos voisins Moravec. Chaque poste pouvait faire sonner l'autre et la communication était d'une qualité parfaite. La paire de fils que je tendis entre nos deux maisons en l'accrochant à quelques branches passait devant la fenêtre des gendarmes. Ils devinèrent sans peine qu'elle servait à établir une liaison téléphonique en infraction avec le monopole des Postes. Ils m'en firent la remarque en souriant, mais fermèrent les yeux et ne m'obligèrent pas à démonter la ligne. Je continuai donc mes conversations interminables avec mes amis sur ce téléphone rustique qui, parce que je l'avais conçu et construit, me procurait beaucoup plus de plaisir qu'aux enfants d'aujourd'hui les talkie-walkie bien plus perfectionnés achetés en magasin. C'étaient les seuls téléphones dont nous disposions, les Moravec n'en ayant jamais eu et notre ligne ne fonctionnant plus depuis l'occupation de la maison par les Russes

Dans les mois qui suivirent le passage du front, je jouais parfois avec des camarades occasionnels à des jeux dangereux. Le jardin était un champ de bataille abandonné par ses combattants, truffé de munitions perdues, chargeurs de mitraillettes russes ou cartouches de fusil. Il n'y avait heureusement pas de grenades ou de munitions de calibre important. Le jeu consistait à vider les cartouches en enlevant la balle, puis à allumer la poudre. A l'air libre, celle-ci n'explosait pas mais brûlait instantanément d'une flamme très vive, en sifflant. Un jeu plus dangereux consistait à placer les munitions dans le trou d'une petite plaque de fer posée sur deux briques, puis à frapper l'amorce avec un clou et un marteau. La cartouche explosait en chassant la balle dans la terre. Il arrivait aussi que la douille éclatât en projetant autour d'elle de petits fragments de métal. Les briques étaient censées nous protéger, mais nous eûmes, je crois, beaucoup de chance de ne pas nous blesser avec ces périlleux passe-temps ignorés de nos parents.

Je manquai une fois d'être victime d'un accident qui aurait pu être mortel. Un jour d'orage, le courant vint à manquer, comme cela arrive encore aujourd'hui dans les campagnes. L'orage passé, le courant n'étant toujours pas revenu, je sortis et vis que les fils électriques, malmenés par le vent, se touchaient par endroits en risquant de provoquer un court-circuit lorsque le courant serait rétabli. Sans trop réfléchir au danger ni aux précautions à prendre, mon militantisme technique me poussa à monter sur le toit encore mouillé de la soupente, au-dessus de laquelle étaient scellés dans le mur les isolateurs dont partaient les fils. Je me retenais sur le toit pentu en m'accrochant à l'un d'eux pendant que, de la main restée libre, je décroisais les fils emmêlés. Le courant revint soudain. Je sentis une force impitoyable traverser mon corps secoué de convulsions. Je ne commandais plus à mes membres, je n'arrivais pas à arracher ma main qui se contractait à la fréquence du courant alternatif. Je crus ma fin venue! Heureusement, mon pied finit par glisser sur les tuiles mouillées par la pluie; en tombant, le poids de mon corps décolla ma main de la borne électrique. Je me mis alors à rouler sur le toit et ne réussis à m'arrêter qu'à quelques centimètres du bord. Alertés par mes cris, les voisins accoururent après un temps qui me parut très long et m'aidèrent à descendre. Ils m'étendirent par terre le temps que je reprenne mes forces et mes esprits. Je ne sais si c'était l'effet de la peur ou de l'électrocution, mais mon pantalon était trempé d'urine.

La maison, le jardin à l'abandon depuis que notre jardinier ne s'en occupait plus, cessèrent d'être le cadre principal de ma vie et de mes activités. J'allais tous les jours en ville, d'abord seulement au lycée le matin, puis, plus tard, aussi l'après-midi pour vaquer à mes activités. J'avais en effet trouvé un mentor et un complice pour mes occupations radioélectriques, en la personne de Monsieur Plot, vendeur et réparateur du principal (et unique?) magasin de radios de la ville. J'allais dans cette boutique, comme attiré par un aimant, me procurer les pièces détachées dont j'avais besoin et dont M. Plot me faisait souvent cadeau, car il s'était pris de sympathie pour moi. Il me donnait de vieux appareils hors d'usage sur lesquels je récupérais résistances, condensateurs, bobines, transformateurs et autres éléments nécessaires aux postes que je construisais. Il me donnait aussi de précieux conseils lorsque je butais sur des problèmes techniques et me prêtait en fin de semaine quelques-uns de ses instruments, que je devais lui ramener le lundi après l'école. Je passais des heures dans cet antre merveilleux à regarder travailler celui qui était devenu mon ami, malgré la différence d'âge qui nous séparait. Les seuls composants que je devais lui acheter parfois avec mes maigres économies étaient les lampes de radio, ancêtres des transistors (eux-mêmes disparus au profit des circuits intégrés), car leur durée de vie était limitée. Celles qu'on trouvait sur les postes de récupération étaient le plus souvent déjà mortes.

Un jour, il me fit cadeau d'un poste russe, hors d'usage lui aussi. L'autopsie de ce condensé de la technologie soviétique m'amusa énormément. Bien qu'apparemment récent par la conception de son architecture technique (c'était ce qu'on appelait un superhétérodyne), il avait un aspect antédiluvien et grossier. En comparaison de leurs pendants occidentaux, les lampes étaient énormes et, comble de rusticité, le pavillon du haut-parleur était fait d'un millefeuille de journaux aux caractères cyrilliques collés ensemble. En exhibant ce monstre, je réussissais à faire rire les personnes les moins initiées à la technique. Je n'ai jamais su quelles qualités de réception et de musicalité avait offert cet engin lorsqu'il était encore en état de fonctionner, car à Nitra il était impossible de se procurer les lampes de radio soviétiques qui l'équipaient.

Je devais à mon ami Ico (Viliam) Moravec d'avoir été introduit auprès de ce mentor, qui était son ami. Comme je l'ai écrit dans mes souvenirs d'enfance, après la mort de mon copain Lali, j'avais continué à fréquenter nos voisins. Il n'y avait plus d'enfant de mon âge, mais je m'étais lié avec Bözsi (Elisabeth), la plus jeune des filles et, malgré ses trente ans, avec Ico, l'aîné. Notre amitié commença lorsque le vieux Moravec acheta une moto, le dernier modèle de la marque tchèque Jawa. C'était un bel engin rouge avec un moteur deux-temps à double cylindre. J'ai revu cet engin plus tard en France car, avec les voitures Škoda, les motos de cette marque devinrent un des rares produits d'exportation de l'industrie tchèque et le signe qu'elle parvenait, malgré le communisme, à conserver un peu de sa compétitivité d'antan. Par les beaux soirs, lorsque leur père revenait de son atelier, les fils Moravec s'amusaient à faire des tours sur la nouvelle acquisition. Traînant dans la rue devant leur maison, je les enviais et je guettais le moment où l'un d'eux accepterait de m'emmener. Ico finit un jour par me faire signe de m'installer derrière lui. Nous partîmes vers la seule route recouverte d'un revêtement de béton, qui menait vers Zlaté Moravce, au nord de Nitra. Elle avait été construite vers la fin de la guerre par la division Todt de l'armée allemande, pour acheminer troupes, blindés et ravitaillement vers le front de l'Est. Les Allemands n'avaient eu le temps de construire qu'une vingtaine de kilomètres. C'était pour nous une distance suffisante pour jouir de la vitesse grisante de 90 kilomètres à l'heure, obtenue en poussant à fond la Jawa. Tant que dura le beau temps, Ico continua à me faire faire des tours de moto. Il me permit même un jour de conduire l'engin après m'avoir expliqué comment on changeait les vitesses. Dans ces temps de l'après-guerre, les routes étaient presque désertes et l'exercice ne présentait pas de danger. Assis derrière moi, il se tenait prêt à saisir le guidon pour couper les gaz et freiner le cas échéant. Je ne me rappelle plus comment je me suis débrouillé, mais l'expérience ne fut pas renouvelée. L'équilibre sur un deux roues ne devait pas me poser de problème, mais sans doute avais-je trop fait craquer la boite de vitesses… .

La radio nous donna une complicité nouvelle. Ico avait une amie, une très jolie jeune femme qu'il finit par épouser quelque temps après mon départ. Avec les années, j'avais un peu oublié ou peut-être ne m'étais-je alors même pas rendu compte que lui et son amie Gabi formaient un couple exceptionnellement beau. Une vieille photo posée sur leur commode me l'a rappelé lorsque que je leur ai rendu visite à Nitra, en 1991. Rien, si ce n'est l'émotion de me revoir après tant d'années, ne laissait deviner dans la vieille femme obèse que j'avais devant moi qu'elle était la même personne. Ico était encore reconnaissable mais il avait les cheveux blancs comme neige et commençait à perdre la mémoire. Il est mort peu de temps après. A l'époque dont je parle, je passais des heures à bavarder avec eux dans la chambre d'Ico, où elle venait lui rendre visite. Nous formions un curieux trio. Ils avaient à peu près le double de mon âge, mais ils me traitaient comme leur égal. En relisant une lettre qu'en leur nom elle m'écrivit à Nice après mon départ, je me suis rendu compte qu'elle me vouvoyait et m'appelait Monsieur Lakits, malgré mes quinze ans.

Voulant faire plaisir à son amie qui aimait écouter la musique, Ico me demanda un jour de lui construire une radio. J'étais abonné à une revue tchèque qui s'appelait *Radioamatér* et qui s'adressait non seulement à de vrais radioamateurs, c'est-à-dire des gens qui communiquent entre eux en ondes courtes par-delà les océans, mais aussi à des bricoleurs de mon genre. De nombreux commerces pragois spécialisés proposaient alors dans les pages publicitaires de la revue des pièces détachées et des sous-ensembles pris dans les stocks de matériel de transmission de l'armée allemande. Toute une culture technique se développait autour de ces vestiges allemands aux performances avancées, de caractéristiques et d'appellations différentes des appareils de la radio "civile".

Radioamatér était d'un précieux secours à celui qui voulait exploiter ces ressources inédites. Les vendeurs tchèques avaient aussi réussi à mettre la main sur un stock de "radios du peuple" plus rustiques, que le régime allemand avait fait construire pour que les ménages modestes puissent profiter de la propagande nazie déversée sur les ondes. C'était, dans leur genre, l'équivalent de la Volkswagen, devenue plus tard Coccinelle, construite sur les ordres de Hitler pour servir de voiture du peuple. Ico et moi examinions ensemble ces réclames pour choisir les pièces de sa future radio. Il n'avait pas de connaissances techniques, mais c'est lui qui tenait les cordons de la bourse. Le choix le plus sensible était celui du haut-parleur, le composant le plus coûteux. De ses performances dépendait en grande partie la qualité sonore du futur appareil. La radio fut terminée quelque temps avant notre départ, à la grande satisfaction de Gabi. Dans leur lettre de septembre 1949, ils se plaignent pourtant de ce qu'elle est déjà tombée en panne et souhaitent en plaisantant que je vienne la réparer, tout en admettant avec regret que je ne puisse plus, comme avant, accéder à leur désir en apparaissant immédiatement dans l'encadrement de leur porte .

Radioamatér paraissait en tchèque, ce qui me causait quelques problèmes, car le slovaque et le tchèque, bien que proches, sont des langues différentes. Cependant, je fis des progrès rapides grâce à d'autres lectures. Le livre qui me fit faire un véritable bond en avant était une édition bon marché de *Tarzan*. J'avais très envie de connaître les aventures de ce personnage que j'avais vu, incarné par Johnny Weissmuller, sur des photos de films parues dans *Szinházi élet.* Le suspense de l'histoire me poussait toujours plus avant, malgré les difficultés que je rencontrais dans la compréhension du texte. Grâce au contexte, je finissais par deviner le sens des mots que je ne connaissais pas. J'élargissais progressivement mon vocabulaire, jusqu'à une lecture sans accroc de cette langue que je n'avais pas apprise. Plus tard, c'est de la même façon que j'ai assimilé l'anglais. A la suite de *Tarzan*, je me suis engagé dans la lecture d'autres textes tchèques. Comme beaucoup de jeunes, j'étais attiré par la science-fiction et la *Guerre des salamandres* de Karel Čapek, où le néologisme "robot" apparut pour la première fois, m'offrit l'occasion de connaître une oeuvre de meilleure facture littéraire que celle de Edgar Rice Burroughs. J'ai alors lu aussi d'autres romans de Čapek, et des livres de science-fiction. A ce propos, un livre allemand des années trente, que j'avais lu quelques années plus tôt, me revient en mémoire. Il racontait l'aventure d'une expédition lunaire s'appuyant sur un ensemble de concepts, mis depuis en œuvre par la NASA: fusée à plusieurs étages et lancement à partir d'un avion qui ressemblait à la navette spatiale. L'élément le plus fantastique du roman était la découverte, sur un minuscule satellite de la Lune, d'un coffre qui n'était autre que l'Arche d'alliance de l'Ancien Testament. Je ne me rappelle plus comment l'auteur expliquait la présence incroyable de cet objet biblique dans le vide sidéral. L'idée de l'origine extraterrestre de notre religion est devenue depuis un lieu commun dans la littérature occultiste et "new age". Mes autres lectures portaient sur quelques "classiques" de la jeune littérature slovaque, dont la connaissance était requise par le lycée. J'étais cependant devenu un lecteur moins assidu que dans mon enfance, car je menais désormais une existence beaucoup moins solitaire.

Ma relation étroite avec nos voisins finit par provoquer quelques conflits avec mon père. Je peux les ranger, avec le recul du temps, dans ces affrontements qui apparaissent lorsqu'un garçon accède à l'adolescence. Un soir d'été, après le dîner, je disparus avec un grand morceau de la tarte que ma mère avait confectionnée, prétextant que je voulais la manger tout seul dans quelque coin tranquille du jardin. En réalité, je voulus partager cette friandise avec mon ami Ico. Lorsque je revins, mon père avait deviné le stratagème et me reprocha amèrement de préférer les voisins à ma propre famille. Il était sensible, et il devait être d'autant plus déçu par ce qui n'était qu'un enfantillage qu'il aspirait peut-être, dans les difficultés dans lesquelles il se débattait, à une solidarité sans faille de la phalange familiale. Je ne le compris que plus tard, sans pour autant l'approuver complètement. Sur le moment, je ne vis dans sa réaction que cet égoïsme de classe, ce manque de générosité qu'enfant, j'avais souvent en moi-même reproché à mes parents. Je supportais mal que des êtres qui m'étaient chers, comme Jolán, même s'ils étaient bien traités, n'occupent pas dans la famille la place que j'aurais voulu leur donner.

Un autre épisode me revient en mémoire. Il se situe pendant la guerre, qui fut encore pour nous en quelque sorte le temps de la paix. Un jour, mon père me dit que j'étais assez grand pour que notre jardinier ne m'appelle plus par mon prénom, mais s'adresse à moi en me disant "fiatal úr" (c'est-à-dire à peu près, car l'expression est intraduisible en français, "jeune monsieur"). C'était ainsi que s'adressait à lui-même le personnel domestique lorsqu'il avait mon âge. Mon père semblait avoir oublié que près de cinquante années s'étaient écoulées et que les temps avaient changé. J'étais horriblement gêné. Au bout de quelques jours, pressé par mon père, je finis par formuler ma demande du mieux que je pus en invoquant sa volonté. Le vieux Feri bácsi en fut très vexé. Il se fâcha et m'accusa d'avoir concocté l'affaire tout seul. Il prétendit, sincèrement ou pas, être convaincu que mon père n'aurait jamais pu formuler une exigence aussi humiliante et inacceptable. Je n'insistai pas, et les choses en restèrent là. Au fond de moi-même, je lui donnais raison, même si je trouvais injuste qu'il m'accuse d'avoir tout inventé. J'en voulais surtout à mon père de m'avoir mis dans une situation aussi embarrassante. Après tout, s'il tenait absolument à imposer ses vues surannées, il n'avait qu'à le faire lui-même. Mais je soupçonne que, trop timide, il n'en avait pas le courage. Il estimait sans doute qu'en procédant comme il l'avait fait, il éviterait de s'exposer lui-même. Ce qui veut dire qu'il sentait malgré tout ce que sa demande avait alors de déplacé. Pourquoi tenait-il donc tant à cette appellation problématique? Par nostalgie du passé? Je ne le saurai jamais.

Après la guerre, la situation était devenue radicalement différente. Ceux qui, avant, avaient occupé une position confortable dans l'échelle sociale, subissaient les vexations que le parti communiste exerçait contre eux au nom des classes précédemment inférieures. Je n'avais donc plus vraiment de raison de reprocher à mon père sa morgue ou son égoïsme de classe. Mais les sentiments sont têtus, et un nouvel épisode faillit s'ajouter aux différends que j'ai eus avec lui. Un vigneron ami, le père Sümeg, possédait sur les hauteurs du Zobor une grande et belle vigne. Il y habitait et tenait dans sa maison un débit de vin. On pouvait y consommer ou acheter son vin, qui était un des meilleurs de la région. C'est bien évidemment chez lui que nous nous fournissions et c'est aussi, comme je l'ai su plus tard, dans sa cave que ma mère était restée cachée pendant l'occupation russe. Un jour, les Moravec voulurent acheter de ce vin et le soir, Ico me demanda de l'accompagner sur la moto pour tenir la bonbonne destinée au transport du vin. En chemin, il me demanda de faire croire à notre ami que ce vin était pour nous, pour qu'il tire le meilleur de sa cave. Je ne savais pas comment refuser, je m'exécutai à contre-coeur. Le père Sümeg nous accueillit très cordialement et ne s'aperçut pas de mon embarras lorsque je balbutiai ma demande en rougissant. Il devait seulement trouver un peu étrange que j'insiste tant pour payer le vin avec l'argent qu'Ico m'avait confié, alors que d'habitude, il nous faisait crédit jusqu'à la visite de mon père. Il faisait nuit lors de notre retour. Je me gardai bien de raconter à mes parents les détails de ma promenade en moto. Pendant les jours et les semaines qui suivirent cette équipée, je tremblais que mon père ne découvrît comment j'avais trahi la bonne foi et la gentillesse de notre ami, si celui-ci lui demandait des nouvelles de la dernière livraison de son vin. Pendant des mois, j'évitai de me rendre chez lui avec mon père, de peur que ma vue ne lui rappelle ma visite d'un soir et ne l'incite à poser la question fatale. L'affaire en resta là, mais la crainte qui me tarauda si longtemps est symptomatique des rapports que j'entretenais alors avec mon père. Je ne redoutais pas tant quelque sévère punition que son air vexé accompagné de remarques qui m'auraient fait sentir que j'avais perdu son estime.

De nouveaux locataires

Dans le récit de mon enfance, j'ai déjà évoqué ces très bons amis de mes parents qui furent déportés par les nazis et dont seules les filles réapparurent dans notre région après la guerre. Jenő Weiss et sa femme Éva avaient disparu, mais leur fille Sonia et son mari allèrent bientôt nous rejoindre dans notre maison. Nous avons entretenu des rapports très chaleureux pendant toute la période d'un an et demi où nous avons vécu ensemble, et mes parents trouvèrent dans cette présence le réconfort nécessaire pour affronter leurs nombreux soucis. Pour mieux me remémorer cette période de coexistence désormais lointaine, je suis allé interroger Sonia, qui habite non loin de Paris. Pendant deux heures, elle m'a d'abord fait le récit de ses tribulations à la fin de la guerre et pendant la période troublée qui l'a suivie, puis elle a raconté, complétant mes propres souvenirs, les menus épisodes, les joies et les soucis de notre vie sous un toit commun. J'ai enregistré sa relation, dont je tente ci-dessous de restituer l'essentiel, en rétablissant la chronologie quelque peu bousculée d'un récit à bâtons rompus.

Elles étaient trois sœurs: Sonia, Enid et Maria. Sonia a vécu la libération à Oroszvár, où elle poursuivait des études d'agronomie. Ce gros bourg situé à une dizaine de kilomètres de Bratislava fut rattaché après la dernière guerre à la Tchécoslovaquie et figure maintenant sur les cartes sous son nom slovaque de Rusovce. C'est là que se trouve le château où vivait la princesse Stéphanie, veuve de l'archiduc héritier Rodolphe de Habsbourg, qui avait épousé en secondes noces un noble hongrois, le prince Lónyai. A l'approche des Russes précédés de leur réputation de violeurs, Sonia, alors une très jeune femme à la beauté rayonnante, alla s'abriter chez la princesse. Lorsque les soldats soviétiques pénétrèrent dans le château, elle courut vers la chambre de Stéphanie qui la cacha sous les couvertures de son lit. Impressionnés de se retrouver en face de cette vieille dame très digne, dont ils avaient entendu dire qu'elle était la belle-fille du dernier empereur d'Autriche-Hongrie, les Russes se retirèrent sans l'importuner davantage. Stéphanie mourut peu après à l'abbaye bénédictine de Pannonhalma, où elle était allée se réfugier.

Maria se trouvait à Budapest, et Enid l'y avait rejointe à son retour de Stuttgart, où elle avait travaillé dans les usines Messerschmitt. Maria souffrait d'une luxation congénitale de la hanche qui rendait ses déplacements très difficiles et la faisait énormément souffrir. Sachant que leurs parents n'étaient pas là pour s'occuper d'elle, le premier souci de Sonia fut d'aller la rejoindre. Après les combats, la Hongrie était plongée dans le chaos et les trains ne circulaient pas. Elle parvint à se procurer une carriole et un cheval et entreprit de parcourir sur ce frêle attelage les 150 kilomètres qui la séparaient de la capitale hongroise. A Budapest, elle réussit à vendre cheval et carriole contre des couronnes tchécoslovaques, détail qui avait son importance car la monnaie hongroise, le pengő, subissait alors une inflation galopante comme celle de l'Allemagne après la première guerre. Sonia décida alors de ramener sa sœur à ce qu'elle croyait encore être leur maison. A ce moment, en mai 1945, elles n'avaient pas encore perdu l'espoir de revoir leurs parents et voulaient les accueillir au retour de la déportation. Avec son argent, elle soudoya les Russes et réussit à acheter une place pour Maria dans un train militaire qui partait vers le nord. Elle-même fit le voyage installée sur le toit du wagon.

Enid ne voulut pas suivre ses sœurs. Elle se sentait bien à Budapest où elle avait déniché un emploi. Sonia se retrouva seule à veiller sur sa sœur invalide et à prendre également soin de sa grand-mère paternelle de 88 ans. Elle était revenue à Kálasz (Klasovce en slovaque), non loin de Nitra, dans l'ancienne propriété familiale, confisquée et confiée à l'administration des domaines au seul motif que son père était hongrois, sans égard pour le sort tragique qui avait été le sien. Les terres de sa mère, dont celle-ci avait été spoliée en sa qualité de Juive, restèrent également dans le domaine public. Sonia obtint de l'administrateur des domaines, un honnête homme, un poste rémunéré de stagiaire dans l'ex-ferme de son père. Elle était chargée de veiller à la bonne marche de l'exploitation, de prévenir les vols de blé ou de lait et les coulages de toute sorte. En lui confiant ce poste, l'administrateur lui dit en souriant: "Vous devez surveiller les autres, mais quant à vous, ne vous gênez pas, servez-vous librement, après tout ce sont vos terres. Vous compléterez ainsi votre maigre salaire". Sonia n'abusa pas de la situation. Elle acheta deux oies, se servit de grain pour les nourrir et prit du lait pour la consommation de son petit ménage. L'humanité de l'administrateur, qui aida aussi d'autres personnes, ne lui porta pas bonheur. Il fut limogé quelque mois plus tard.

La mère de Sonia avait une cousine à Paris, Alix, la première femme de Guy de Rothschild. La riche parente devait prendre soin de Maria dès qu'elle aurait réussi à sortir de Tchécoslovaquie. Cette protection lui valait d'être assurée d'obtenir un visa français sitôt que les autorités locales lui délivreraient un passeport. L'affaire ne pouvait être réglée qu'à Bratislava, mais Sonia ne pouvait pas quitter les deux personnes dont elle avait la charge. Heureusement, Enid comprit que sa présence était indispensable et finit par revenir. Sonia obtint alors de l'administrateur qu'il embauche Enid à sa place. Elle put ainsi s'occuper du passeport de Maria, qui fut la première des trois sœurs à quitter le pays.

Sonia fit la rencontre de son futur mari en 1947. Gyuri Nemes était avocat, nouvel associé d'un ancien du barreau de Nitra que Sonia allait parfois trouver. C'est dans l'étude du Dr Eötvös qu'ils firent connaissance. Le mariage eut lieu en septembre de la même année. Durant la guerre, Gyuri avait traversé des épreuves extrêmement dramatiques. Son père était Juif et cadre dans une sucrerie du sud de la Slovaquie, région qui fut rattachée à la Hongrie en 1939, et ses quatre fils vivaient à Budapest. Gyuri et son frère Zolo (Zoltán), alors étudiants, furent mobilisés lorsque la Hongrie entra en guerre contre l'Union Soviétique. Les Allemands assignèrent à l'armée hongroise une partie du front russe, où elle perdit plus tard 200.000 soldats sur le Don. Peu de temps après la mobilisation, les Juifs furent désarmés et affectés à des équipes contraintes d'effectuer les travaux pénibles et périlleux. Ils ne participaient pas directement aux combats, mais leur existence n'en était pas moins menacée car c'était eux, par exemple, qui devaient effectuer les travaux de déminage ou creuser des tranchées sous le feu de l'ennemi.

Gyuri et Zolo avaient réussi à demeurer ensemble. Ils profitèrent avec plusieurs de leurs compagnons d'une occasion propice pour rejoindre le territoire du camp adverse. Ils se cachèrent dans la cave d'une maison abandonnée et attendirent que leur sort prît un tournant meilleur. Par malheur, un transport de prisonniers allemands, qui se dirigeait vers une mine d'amiante de l'Oural, vint à passer par là. Son commandant avait pour consigne d'arriver à la destination finale avec le nombre exact de prisonniers qui lui avait été confié. Or beaucoup d'Allemands, affamés, blessés ou malades, mouraient pendant le voyage. A chaque halte, des cadavres étaient débarqués. Les soldats qui accompagnaient le train partaient ensuite rafler dans les environs le nombre manquant d'individus. Ils cherchaient des Allemands déserteurs ou fugitifs; à défaut d'en trouver, ils embarquaient tous ceux qui avaient le malheur de se trouver sur leur passage. Même les hommes d'une noce de village subirent ce sort! En fouillant les caves, ils tombèrent sur les deux frères et leurs compagnons, qu'ils prirent pour des Allemands. Ils eurent beau protester et dire qu'ils étaient des Juifs hongrois fuyant les persécutions et voulant rejoindre l'Armée Rouge, rien n'y fit. Arrivés dans l'Oural, ils tentèrent de prouver leur identité en montrant leurs papiers, mais on leur déconseilla d'insister sous peine de conséquences fatales. Ils restèrent dans la mine d'amiante jusqu'à la fin de la guerre. Trente ans plus tard, les deux frères moururent l'un après l'autre d'un cancer de la plèvre.

Dans ce bagne soviétique, les prisonniers étaient gardés par des soldats femmes, puisque les hommes avaient tous été affectés au front. Cette circonstance permit à Gyuri, homme débrouillard doublé d'un grand séducteur, d'améliorer son sort et celui de son frère en circonvenant l'officier féminin qui commandait le camp. Lorsque, après la fin de la guerre, les Russes décidèrent de faire un geste en renvoyant une partie des prisonniers survivants, les deux frères obtinrent d'être désignés comme accompagnateurs du convoi. Le voyage se fit à nouveau dans des conditions épouvantables. Un jour, le train fit halte en rase campagne. Un champ d'oignons s'étendait le long des rails. Les occupants du train qui le pouvaient se ruèrent dessus, les arrachèrent de terre et les mangèrent crus avec les feuilles. Avant d'arriver en Autriche ou en Allemagne, le train traversait le territoire hongrois. La frontière franchie, les deux hommes profitèrent de la première halte pour fausser compagnie au transport. Parlant hongrois, ils n'eurent pas de difficultés à obtenir de l'aide et à troquer leur uniforme soviétique contre des vêtements civils. Ils finirent par retrouver leur région natale, redevenue tchécoslovaque au lendemain de la guerre.

Quelque temps après son mariage, à l'automne de 1947, Sonia vint nous présenter son mari. Le jeune couple cherchait un logement. Gyuri eut l'idée de proposer à mon père de prendre en charge la réparation de la partie endommagée du toit. Ainsi nous pourrions réemménager dans ce qui, avant, avait été ma chambre et celle de mes parents, que nous n'occupions plus depuis le départ des Russes. La grande salle à manger demeurerait une pièce commune et les Nemes s'installeraient dans les deux pièces où nous vivions jusqu'alors, ce qui leur donnerait une entrée séparée via l'ancienne véranda. Ce qui fut fait — Gyuri et Sonia devinrent nos locataires, et nous avons vécu ainsi ensemble jusqu'à notre départ. Quelques mois après nous, ils partirent eux aussi. Je reviendrai sur les circonstances de nos départs.

Ma mère, Sonia, Gyuri et moi devant notre maison vers 1948

Le projet de départ

Au fur et à mesure que le temps passait, les liens qui nous rattachaient à Nitra, la ville natale de mon père, se distendaient progressivement. Les tentatives pour garder quelques moyens de subsistance se révélèrent infructueuses, et lorsqu'à la fin nous fûmes contraints de payer un loyer à la ville devenue propriétaire de notre maison, il était clair, même aux yeux de l'inébranlable optimiste qu'était mon père, que nous n'avions plus rien à attendre de l'avenir dans un pays où nous étions privés même de la citoyenneté. Ma mère, qui n'avait pas de racines locales, fut la première à concevoir le projet du départ et elle entreprit de vaincre les réticences de mon père. Je crois qu'aux yeux de mes parents mes perspectives d'avenir devaient peser dans la balance autant, sinon plus, que leurs existences propres. La suite des événements leur a donné raison: après l'instauration du régime communiste, les jeunes qui n'étaient pas issus de familles ouvrières ou paysannes furent bannis des universités. L'objectif de cette mesure, instrument de la lutte des classes, était de modifier la composition de l'intelligentsia en faveur des classes laborieuses. Elle fut atténuée une dizaine d'années après son instauration, car elle avait conduit à une pénurie de cadres compétents. On ne peut pas vaincre les pesanteurs sociales et transformer aussi brutalement une société.

Dans les premiers temps après la libération, la discrimination dont nous avons souffert venait de notre appartenance à l'ethnie hongroise. L'évolution de la situation politique dans la région et dans le pays faisait grandir une menace encore plus redoutable, celle de l'avènement d'une dictature communiste. Nous ne savions pas exactement en quoi consisterait un tel régime. Peu de gens le prévoyaient clairement; autrement, la résistance contre l'instauration du communisme aurait été beaucoup plus forte. Les dirigeants du parti devaient savoir ce qu'ils voulaient, mais ils se gardaient de dévoiler la totalité de leur projet. Ce qui avait filtré du régime soviétique dans l'entre-deux-guerres et le spectacle de l'Armée Rouge laissaient pourtant prévoir le sort qui attendait les habitants de la région, mais beaucoup croyaient que les choses se passeraient moins mal dans cette partie plus civilisée de l'Europe.

En 1947, les communistes prirent le pouvoir en Hongrie. J'ai encore en mémoire le récit d'autocars bondés d'agents communistes allant de village en village remplir les urnes de leurs bulletins, lors des dernières élections où les partis démocratiques furent autorisés à participer. Le résultat de ce scrutin truqué installa au gouvernement le parti communiste, et la présence de l'armée soviétique fit le reste. Le cas de la Tchécoslovaquie était différent. Dans ce pays qui n'était pas occupé, les communistes et leurs alliés avaient acquis une majorité en Bohême et en Moravie aux dernières élections libres de 1946. En Slovaquie, où l'influence de l'église catholique était forte, ils étaient en minorité. Même partielle, cette victoire leur avait permis de prendre le contrôle de ministères importants, notamment celui de l'Intérieur, et de consolider leur pouvoir en noyautant les principaux organes de l'état. L'inféodation à Moscou était déjà telle en 1947 que la Tchécoslovaquie refusa, sur ordre de Staline, le plan Marshall dont elle avait pourtant bien besoin. Cette situation rendait moins urgente la prise de pouvoir totale, d'autant qu'un coup de force brutal paraissait plus difficile à mener dans ce pays qui comptait parmi les vainqueurs de la guerre. Cependant, de nouvelles élections devaient avoir lieu en mai 1948 et les prévisions donnaient les communistes perdants, même dans les pays tchèques. Pour le parti, il devenait urgent d'agir pour prévenir un tel désaveu à la face du monde. C'est ainsi qu'eut lieu en février 1948 ce qui est appellé depuis le "Coup de Prague". Les élections se déroulèrent comme prévu en mai mais les électeurs, souvent forcés et molestés, n'eurent le choix qu'entre une liste unique et le bulletin blanc. La liste unique obtint près de 90% des suffrages.

J'ai gardé deux souvenirs directs de ces événements. Le premier a trait à la fraude électorale massive lors du vote de mai. Un des bureaux de vote était installé au lycée. Le fils du concierge, qui était dans ma classe, nous fit le lendemain des élections, à moi et à quelques camarades en qui il avait confiance, le récit des manipulations que son père, chargé de la propreté des lieux, avait constatées la veille. Après la fermeture du bureau et avant le comptage des votes, les urnes furent ouvertes et les bulletins blancs massivement remplacés par ceux de la liste unique. Puis elles furent refermées et livrées aux scrutateurs, qui ne purent que constater le triomphe écrasant de la liste unique. Il est peu vraisemblable que le père de mon camarade ait été le témoin d'une fraude isolée. Le triomphe massif de la liste unique témoigne au contraire d'une fraude généralisée.

Le deuxième souvenir se rattache à un évènement survenu quelques mois plus tard. Le président Beneš dut abdiquer en juin 1948 et, déjà gravement malade, mourut le 3 septembre de la même année. Hypocritement, le nouveau pouvoir lui organisa des funérailles grandioses. Comme il n'y avait pas encore de télévision, les grands évènements de ce genre étaient retransmis à la radio. Je me souviens d'avoir suivi les obsèques avec une certaine émotion, même si le défunt ne nous avait pas fait que du bien. Mais sa mort et les derniers mois de sa vie le faisaient apparaître comme une victime des communistes, un apprenti sorcier vaincu par les mauvais génies qu'il n'était pas arrivé à maîtriser. De la musique accompagnait la cérémonie, le largo de la symphonie du Nouveau Monde de Dvořák, que j'entendais pour la première fois. En écoutant cet air empreint de nostalgie, j'eus l'impression d'un adieu, adieu à l'ancien monde sur lequel un rideau était tombé, le rideau de fer.

Dès les événements de février, il apparut clairement qu'il fallait absolument partir au plus vite, avant que les frontières ne se referment sur nous. Le projet de départ, qui n'avait peut-être pas reçu jusque là toute la priorité nécessaire, devint soudain très urgent.

La première question était de savoir où nous devions aller. Il fallait évidemment partir vers l'Ouest, mais il restait à choisir le pays de destination. Parmi les possibilités envisagées, il y avait l'Autriche, où vivaient ma grand-mère et ma sœur Ancy, l'Italie, pays natal de ma mère où se trouvait une partie de sa famille maternelle, et finalement la France, vers laquelle nous attirait le souvenir de nos séjours de l'entre-deux-guerres et où nous appelaient de bons amis. L'Amérique, où ma mère avait une amie de jeunesse, entrait également en compte, mais seulement comme une éventuelle destination finale après une première étape en Europe occidentale.

Après la fin de la guerre, la correspondance avec notre famille et nos amis en Occident avait repris. A part ma grand-mère, ceux qui nous écrivaient le plus souvent étaient nos amies Robiony à Nice. Elles nous disaient comment elles avaient vécu les années de l'Occupation, comment la vie reprenait progressivement son cours normal, puis elles nous firent part du grand changement provoqué par l'arrivée dans leur existence de leur nièce Martine, fille de leur frère Jean. Elles offrirent à Jean, dont les revenus étaient modestes, de prendre en charge la jeune fille et d'assurer son avenir en lui offrant une bonne éducation. C'était sans doute pour elles la réalisation du désir profond d'un enfant qu'elles n'avaient pas eu. Elles nous en parlaient dans leurs lettres avec tendresse et enthousiasme, elles s'investissaient complètement dans la préparation de l'avenir de Martine et échafaudaient des plans pour son éducation. Elle devait aller dans un collège en Angleterre pour apprendre parfaitement la langue et y recevoir l'éducation qui faisait la renommée de ce genre d'établissements. Nous ne sûmes pas ce qu'en pensaient les parents de la jeune fille, sa mère surtout, que nous ne connaissions pas. Martine m'a fait récemment un récit résumé de sa vie. Sa version diffère de celle que nous ont donnée ses tantes dans leur correspondance. J'y reviendrai plus tard.

Nous décrivions évidemment à nos amies les changements intervenus dans notre vie et le contexte politique qui se détériorait lentement. Nous fîmes aussi appel à leur aide pour attester que nous nous trouvions à Nice lors des recensements tchécoslovaques d'avant-guerre. J'ai retrouvé dans les papiers de mon père un certificat délivré en février 1946 par le commissaire de police du 4e arrondissement de Nice, affirmant que de 1932 à 1939 inclus nous avons résidé au n° 57 de la rue de France, certificat dû évidemment à la diligence de nos amies. Je doute que ce papier, délivré par une instance étrangère, occidentale de surcroît, ait pesé d'un poids quelconque aux yeux des autorités de Nitra, mais mes parents faisaient alors feu de tout bois. Il montre en tout cas que, même à distance, Marcelle et Mimi Robiony essayaient de nous aider du mieux qu'elles pouvaient. Mais elles firent encore bien plus.

Nos lettres et ce qu'elles pouvaient lire dans les journaux français sur l'évolution de la situation dans les pays d'Europe centrale, abandonnés par le traité de Yalta à la sphère d'influence soviétique, leur faisaient nous adresser des appels de plus en plus pressants pour que nous quittions ces régions problématiques et que nous revenions sur la Côte d'Azur que nous connaissions et aimions déjà. Elles promettaient généreusement de nous aider et de nous loger le temps nécessaire à notre installation définitive. Leur invitation et le souvenir de nos séjours d'avant-guerre décidèrent mes parents à choisir la France comme pays de destination. Cependant, de grands obstacles nous attendaient encore avant de pouvoir réaliser notre projet.

Il fallait d'abord obtenir le visa français. Pour cela, il fallait fournir aux autorités françaises une garantie qu'arrivés en France nous ne serions pas à leur charge. Au printemps 1948, Marcelle et Mimi nous firent parvenir une attestation de leur ami Gabriel Hancy, qui s'engageait à nous fournir du travail et un logement dans sa propriété agricole des environs de Nice. Mon père devait être employé comme chef de culture et ma mère comme sous-intendante. Ce n'était qu'un certificat de complaisance mais, joint à la lettre d'invitation, il suffit à convaincre le consulat français de Bratislava qui accepta de nous accorder un visa.

Cependant, deuxième obstacle, il nous fallait encore obtenir des autorités tchécoslovaques un document, passeport ou tout autre titre de voyage, dans lequel le consulat pourrait apposer son visa. Pour nous aider, le consul rédigea une lettre attestant qu'un visa nous serait délivré dès que nous serions en possession d'un titre de voyage. Rien n'y fit, l'attribution d'un passeport nous fut refusée au motif que nous avions perdu la citoyenneté tchécoslovaque, puisque nous étions hongrois. Bien que pratiquement apatrides, nous ne pouvions pas non plus prétendre à un passeport Nansen (du nom du célèbre explorateur norvégien qui fit établir par la Société des Nations en 1922 ce document de voyage destiné aux réfugiés) cette fois parce que nous n'étions pas des réfugiés, puisque nous résidions dans notre propre pays! L'absence de statut juridique dans laquelle nous laissaient les autorités tchécoslovaques nous plongeait dans un casse-tête kafkaïen dont nous désespérions de trouver l'issue.

C'est alors que ma grand-mère prit l'initiative de faire jouer une relation qu'elle avait conservée de son séjour à la cour du duc de Bourbon-Parme, à Schwarzau. Le prince Félix de Bourbon-Parme, frère de l'impératrice Zita, avait épousé en 1919 la Grande-Duchesse de Luxembourg, qui régna sur ce petit pays à partir de 1924. Le père de Félix, Robert de Bourbon-Parme, était le petit-fils de la duchesse de Berry et, de la sorte, demi-cousin issu de germain de ma grand-mère. Elle écrivit donc à Félix, qu'elle avait connu encore adolescent, et le pria d'intervenir en notre faveur auprès des autorités françaises. Le prince se souvenait peut-être de ma mère que lui et ses frères s'étaient amusés à taquiner lorsque, âgée de huit ans, elle avait séjourné en 1917 à Schwarzau après le départ au front de mon grand-père. Il fit le nécessaire et nous obtînmes des Affaires Etrangères un "laissez-passer", faisant à la fois office de visa et de passeport. Le problème essentiel semblait résolu, restaient à régler les "détails". Mais avant d'en parler, j'aimerais revenir sur la dernière année de notre vie à Nitra.

République Française

CONSULAT GENERAL DE FRANCE
A BRATISLAVA

BRATISLAVA, LE 3 décembre 1948.

L A I S S E Z - P A S S E R No 37

Valable DEUX MOIS et pour UN SEUL voyage en France.

/Autorisation du Ministère des Affaires Etrangères en date du 21 septembre 1948 /

NOM : L A K I T S
Prénom : Etienne
Lieu de Naissance : VIENNE / Autriche /
Date de Naissance : 22 juin 1932
Domicile : NITRA /Slovaquie/
Profession : Etudiant
Nationalité : Apatride /d'origine tchécoslovaque /

SIGNALEMENT :

TAILLE : 1 m 77
Cheveux : Chatains
Sourcils : Idem
Front : Haut
Yeux : Bleus
Nez : Droit
Bouche : Moyenne
Menton : Rond
Visage : Ovale

Dans les 8 jours qui suivent son entrée en France, l'intéressé devra se présenter aux Autorités Françaises.

Fait à Bratislava, le trois décembre mil neuf cent quarante huit./.

Signature du Titulaire : LE CONSUL GENERAL DE FRANCE.

Etienne Lakits

Jean Pasqualini

Signé: Jean PASQUALINI

Mon "laissez-passer"

CONSOLATO D'ITALIA
BRATISLAVA
Visto n. 484
Titolare del passaporto:
Lokits Etienne
Visto valido per l'ingresso in Italia
entro il periodo di due mesi d'oggi *
per un soggiorno in Italia di un mese
N. reg. pere 607 art. 57
Tassa lire oro 15 Kcs. 245 30
Bratislava, lì 03 dicembre 1948
IL CONSOLE
BOCCHINI

CONSEGNATE NORME SOGGIORNO STRANIERI
ODOVZDANÉ STANOVY PRE POBYT CUDZINCOV V ITÁLII

USCITA
10 GEN 1949

Valable pour transit seulement
Valid for transit only
Действительно только для транзита

REPUBLIK OESTERREICH
Bratislava
Nr. 653
Lokits Etienne
25. JAN. 1949

* corretto d'ufficio
IL CONSOLE
BOCCHINI

TICKETS ISOLÉS-CIVILS, DÉLIVRÉS
PAR LE ... DE NICE
POUR ÊTRE UTILISÉS
du 9 au 23.2.49

3 0 JANV 1949

PRIDELENÉ
2 0 DEZ 1948
Národná banka Československá
dev. odd. v BRATISLAVE

31 XII. 1948

WAGONS-LITS COOK
21 DEC 1948

Le verso de mon "laissez-passer" avec les visas de transit autrichien et italien

Notre dernière année à Nitra

Tandis que l'environnement politique changeait autour de nous et que notre projet de départ prenait forme, notre vie quotidienne se déroulait de façon presque paisible. C'était du moins l'impression que j'en avais, occupé que j'étais par mon existence de lycéen, mes amitiés et mes activités radioélectriques. Mais je crois que mes parents n'étaient pas non plus véritablement angoissés. Nous vivions dans une petite ville dont les repères, les rues, les commerces, les habitants et le paysage alentour nous étaient encore familiers. Les grands bouleversements ne devaient intervenir qu'après notre départ. Lorsque mes parents allaient en ville, ils échangeaient des saluts avec d'anciennes connaissances, ma mère allait chez son coiffeur habituel, mon père rendait visite à son avocat qu'il connaissait depuis longtemps, même s'il n'avait pas toujours été son client. Quelques-unes unes des figures juives de la ville que nous connaissions bien, commerçant, hôtelier ou propriétaire de cinéma, avaient survécu à la déportation et étaient revenues. Leur présence provisoire car, comme nous, ils allaient émigrer, contribuait à conserver un peu de l'atmosphère traditionnelle de Nitra. Aujourd'hui encore, les vieux habitants de la ville continuent d'appeler certains commerces, confiseries, restaurants ou hôtels du nom de leur ancien propriétaire, souvent juif. Et lorsque, s'adressant à moi comme à un vieil habitant, ils utilisent ces repères, ils s'étonnent que je ne sache pas toujours les situer dans la ville. Aussi, lorsque je le peux, je préfère taire mon ignorance, car un aveu romprait cette connivence qui me donne un sentiment d'appartenance. A Nitra, aux yeux des anciens encore présents, je suis quelqu'un, j'ai hérité en quelque sorte de la place qu'occupait mon père dans cette petite société où tout le monde se connaissait. C'était aussi ce sentiment que mon père devait avoir et qui lui rendait le départ difficile.

Notre vie sociale s'était réduite aux contacts quotidiens que nous avions avec Gyuri et Sonia Nemes. Ils occupaient les deux belles pièces à l'avant de la maison, et un endroit que Sonia appelait "kulipintyó". Ce mot, que je trouve drôle, m'est resté dans l'esprit. J'ai cru longtemps que c'était une invention de Sonia. En regardant récemment dans le grand dictionnaire hongrois/français de Sauvageot, j'ai vu qu'il existait réellement et voulait dire masure ou bicoque. Sonia m'a précisé depuis qu'elle appelait ainsi notre ancienne véranda, où ils avaient au début aménagé leur cuisine. Quelque temps après, nous décidâmes de partager en deux avec des paravents l'ancienne grande salle à manger, et nos amis y transférèrent le réchaud qui était leur unique appareil ménager. Comble de luxe, Gyuri y fit installer un robinet d'eau, puis acquit un cuveau (sorte de bac en bois servant à laver le linge) qui fut reconverti en baignoire. Quant à nous, nous disposions toujours de notre ancienne salle de bains que nous avions récurée à fond après le départ des Russes. Lorsque nous vendîmes la cuisine à l'un des gendarmes stationnés dans la maison, nous installâmes à notre tour un coin cuisine dans l'autre moitié de l'ancienne salle à manger. Le soir, en se mêlant, les odeurs des deux cuisines nous incitaient à prendre notre repas autour de la même table. La conversation tournait alors souvent autour de l'Eldorado que nous espérions atteindre un jour. Mon père ne cessait de répéter: "Vous verrez, mes amis, c'est un autre monde, et les gens sont là-bas tout à fait différents… ". Parfois, à la fin du dîner, lorsque les soucis quotidiens nous laissaient un peu de répit, Gyuri sortait son violon et se mettait à jouer. J'ai le souvenir qu'il jouait assez bien. Il connaissait tout le répertoire que les Hongrois chantent dans les tavernes avec l'accompagnement complice des Tziganes, lorsqu'ils font la fête en buvant du vin.

C'était un homme de taille moyenne, portant une petite moustache comme mon père et, comme lui, toujours élégamment vêtu. Il parlait sans trop desserrer les dents et lorsqu'il plaisantait, ses yeux pétillants de malice trahissaient un sourire caché derrière sa moustache. Lorsqu'il rentrait de la ville, mon père l'attendait pour l'entraîner dans un bout de conversation où passaient en revue les derniers commérages de la ville, les plaisanteries sur les puissants du jour, tout cela saupoudré de cet humour qui s'était exercé, même pendant les heures sombres de la guerre, à tourner en ridicule les dirigeants nazis, de Hitler à Mussolini en passant par Göring et Goebbels. Gyuri avait un tempérament sarcastique et aimait bien rire au détriment des autres. Un jour, en rentrant de l'école, je le rencontrai dans le jardin. "Alors Pista, quoi de neuf?" me lança-t-il. "Máskülönben semmi..." lui rétorquai-je, ce qui veut dire à peu près: "à part cela, rien…". C'était évidemment une réponse idiote, sans doute avais-je voulu dire "rien, à part le train-train quotidien…", mais l'adolescence est un âge où on est peu sûr de soi et facilement embarrassé, surtout en face de personnages qui ont de l'assurance à revendre. Ce "Máskülönben semmi..." m'est resté collé à la peau et chaque fois que je rencontrais Gyuri, même plus tard, à Paris, il me demandait en souriant quelles étaient les nouvelles pour répondre aussitôt: "Máskülönben semmi...".

Sonia, qui a huit ans de plus que moi, avait 23 ans lors de son mariage. Elle s'occupa d'abord seule de son ménage, puis une aide ménagère du nom de Johanka fut embauchée lorsqu'elle devint enceinte. C'est Johanka qui vint chercher ma mère lorsque sa maîtresse fit une fausse couche. Le médecin appelé en urgence lui administra de l'aspirine, ce qu'il ne fallait pas faire: une hémorragie se déclara après le départ du médecin et l'aspirine, qui est un anticoagulant, en accrut l'intensité, au point de mettre en péril la vie de la malade. Le gynécologue était impossible à joindre et ma mère, qui était restée auprès de Sonia, finit par obtenir qu'une ambulance la conduise à l'hôpital.

Aujourd'hui encore, Sonia pense qu'elle n'a dû la vie qu'à l'intervention énergique, à ce moment crucial, de ma mère. Les circonstances étaient telles, à l'époque, qu'un acte aussi simple que de faire venir le SAMU n'allait pas de soi et nécessitait obstination, débrouillardise et autorité. Ces qualités, ma mère les avait. Dans sa vie, elle eut maintes fois à affronter des problèmes auxquels elle s'attaqua chaque fois avec beaucoup de détermination.

Quelque temps après, Sonia tomba de nouveau enceinte et resta couchée pendant six mois, jusqu'à son départ, de crainte de perdre le nouvel enfant. Celui-ci, qui porte le prénom de son père, naquit en France.

Les visites de la famille proche qui, dans le passé, avaient tant contribué à donner son caractère à la vie à Zobor, avaient complètement cessé. Ma grand-mère était retournée à Vienne quelques mois après la fin de la guerre, ma sœur Ancy y était déjà depuis plusieurs années, ma tante Elluli et mon oncle préparaient leur départ de Bratislava. Je ne sais plus exactement quand ils sont partis, mais ce fut bien avant nous. Ils choisirent d'aller eux aussi à Nice, ne pouvant pas résister à la tentation de mettre à l'épreuve les martingales mises au point par ma tante pendant les années d'abstinence forcée de la guerre. C'était une folie, car ma tante, née en 1877, avait déjà 70 ans au moment de son départ et mon oncle était sans doute plus âgé qu'elle. Ils n'étaient pas, comme nous, invités en France par des amis et n'avaient pas d'appuis à Nice. Seul l'espoir fou de gagner au jeu pouvait leur donner la témérité d'affronter ainsi l'inconnu. Je ne sais pas avec quels papiers ils sont partis, je suppose que mon oncle, qui avait exercé la fonction de juge sous la première république, avait conservé la citoyenneté tchécoslovaque et put ainsi obtenir les passeports nécessaires. J'ignore également pour quels motifs le consulat français de Bratislava leur accorda un visa. Ils n'ont probablement sollicité qu'un visa touristique. Avaient-ils l'intention de revenir après avoir sacrifié à leur passion? Les événements survenus en

Tchécoslovaquie leur ôtèrent-ils l'envie ou même la possibilité du retour, durent-ils ensuite demander l'asile aux autorités françaises? Je ne m'en souviens plus. Ma mère aurait pu répondre à ces questions, mais elle n'est plus là. J'en suis donc réduit aux conjectures.

Je ne sais pas non plus quand et comment la propriété de ma tante à Pann a été confisquée, mais il est probable qu'elle ne l'avait plus lorsqu'ils partirent. Elluli dut brader ses beaux meubles et son argenterie pour acheter les pièces d'or nécessaires à leur escapade. Elle brûla ses vaisseaux, ce qui me fait douter de sa volonté de revenir, même si, pour obtenir le visa, elle avait déclaré cette intention au consulat. Lorsqu'elle eut tout liquidé, que toutes les démarches furent terminées, les deux vieux aventuriers prirent le train et partirent vers l'inconnu. Mes parents durent aller sans moi à Bratislava prendre congé des partants, car je n'ai gardé aucun souvenir de ces adieux. Au passage de la frontière, Elluli réussit à camoufler habilement son magot et, après un long voyage en train, ils arrivèrent sans encombre à Nice. Je raconterai plus loin les péripéties de leur existence sur la Côte d'Azur où ils finirent leurs jours sans avoir revu leur pays, ni leurs enfants.

Avec l'avancement de nos plans de départ, je me désintéressais de plus en plus de mes études. Je savais que je n'aurais pas à passer mon baccalauréat à Nitra. Mes notes commencèrent à accuser la baisse de mon travail scolaire. Je réussis quand même, en juin 1948, à être admis de justesse en "septima", l'avant-dernière année du lycée. A partir de la rentrée de septembre 1948, je me mis complètement en roue libre, au point d'étonner même mes camarades. Ils me considéraient comme un bon élève et ne comprenaient pas les raisons de ce changement. Pour des raisons évidentes, mes parents conservaient la plus grande discrétion sur leur projet de départ et je devais en faire autant. Je n'avais mis dans la confidence que mes amis les plus proches. Après les vacances de Noël, lorsque nous étions déjà en Autriche, le gros de la classe et mes professeurs ne purent que s'étonner d'une absence qui se prolongeait et qu'ils durent bientôt admettre comme définitive.

Le temps que je ne consacrais pas aux études, je l'investissais dans mon passe-temps favori. Au fur et à mesure que je réussissais à surmonter les obstacles techniques, parfois avec l'aide de mon ami, le réparateur de radios, je construisais des postes de plus en plus sophistiqués. Des radios marchant avec des piles, je passai aux appareils alimentés par le secteur. Ceux-ci présentaient la double qualité d'un volume sonore puissant et d'une grande sensibilité de réception. De plus, ils ne consommaient pas de piles, encore rares et chères et qui n'avaient qu'une faible durée de vie. Pendant longtemps, je me suis heurté à un signal parasite induit par le courant du secteur dans les circuits sensibles du récepteur. L'écoute était gâchée par un ronflement qui brouillait les programmes. Je compris un jour qu'il fallait remplacer les planches de bois sur lesquelles je montais mes circuits par un châssis en métal fonctionnant comme une cage de Faraday. Cette solution, inspirée des radios du commerce, permit à mes postes, esthétique et finition mis à part, de rivaliser avec leurs homologues professionnels.

J'aimais beaucoup cette activité, on l'aura compris. Elle avait depuis longtemps dépassé le stade d'un simple passe-temps. Mon goût pour la physique me conduisit plus tard à choisir des études d'ingénieur. Cette passion, qui mettait et remettait dans ma main le fer à souder et le voltmètre, possédait encore un autre aspect. Un jour, où j'étais totalement absorbé par le minutieux travail de réalisation d'un schéma trouvé sans doute dans *Radioamatér*, je réalisai brusquement, en relevant la tête, qu'un profond calme s'était installé en moi. Jusque là, je ne m'étais pas cru particulièrement anxieux. Mais l'état que je venais de ressentir me fit prendre conscience qu'ordinairement je devais être un peu angoissé. Je découvris soudain, à quatorze ou quinze ans, que la passion du bricolage était le remède que l'enfant seul que j'étais avait instinctivement choisi pour calmer son inquiétude.

Mon enfance solitaire avait dû favoriser une tendance à l'introspection. J'étais sans doute un peu nerveux, comme en témoignait mon penchant à ronger mes ongles. Mais beaucoup de jeunes sont dans ce cas et cannibalisent leurs ongles. Mon cas n'était donc pas aussi particulier que je l'imaginais. Par ignorance de ce que vivent les autres, on se croit parfois affligé de tares inaccoutumées. Quoi qu'il en soit, le remède que j'avais trouvé à mon anxiété, joint à ma curiosité pour la physique, déterminèrent la voie professionnelle que je choisis plus tard. L'inventivité et la passion dont je faisais preuve dans ma jeunesse se sont estompées avec le temps. La castration de l'imagination, où excelle l'enseignement tant secondaire qu'universitaire, fit qu'au lieu de l'inventeur fertile que j'aurais peut-être été, je ne devins qu'un ingénieur convenable. Edison, le génial inventeur du phonographe et des lampes à incandescence était, je crois, un autodidacte.

Petit à petit, mon hobby se transforma en activité lucrative. Je devins le réparateur de radios de tout le voisinage. Quelques succès initiaux me donnèrent la réputation d'être un docteur ès radios compétent, et surtout beaucoup moins cher que les professionnels. Les appareils de ce temps étaient coûteux et tombaient souvent en panne. La partie la plus fragile des postes de TSF étaient les lampes, ou tubes, comme les appellent les spécialistes. Il suffisait souvent de remplacer le tube défectueux et l'appareil se remettait à fonctionner. Comme il y avait en général 5 ou 6 lampes, la tâche de l'expert consistait à identifier l'élément malade. Il fallait ensuite se procurer le composant manquant, ce qui n'était pas toujours facile à cause de la pénurie régnante. Parfois, il fallait commander la lampe recherchée auprès d'un de ces vendeurs de Prague qui faisaient paraître des encarts publicitaires dans *Radioamatér*. Lorsqu'il s'agissait de postes plus anciens, dont les tubes n'étaient plus fabriqués, il fallait tenter la greffe d'un élément récent aux caractéristiques équivalentes. Ces cures de rajeunissement, que les professionnels refusaient d'entreprendre, contribuaient à ma réputation de docteur des causes désespérées. Il y avait bien entendu des cas plus graves où certains composants, transformateurs ou condensateurs victimes de courts-circuits, se retrouvaient hors d'usage. Alors il fallait plonger dans les entrailles du poste et opérer avec pour bistouri une pince et le fer à souder. La couleur noircie et l'odeur de "cramé" trahissaient heureusement quelquefois l'élément malade, sinon il me fallait des heures de recherche pour identifier le coupable avec l'aide d'un voltmètre. Le diagnostic était parfois facilité par l'existence d'un schéma électrique de l'appareil, collé obligeamment à l'intérieur du boîtier par le fabriquant. Si tel n'était pas le cas, il me fallait dresser un schéma en démêlant laborieusement l'écheveau des fils remplissant les entrailles du poste.

Si, au risque de la rendre fastidieuse, je me suis tant étendu sur cette description, ce n'est pas seulement par nostalgie d'une passion de ma jeunesse. J'ai voulu aussi rendre sensibles des pratiques industrielles et commerciales qui ont disparu depuis. Aujourd'hui il est à peine plus cher de remplacer un téléviseur, un ordinateur ou un appareil photo que de le faire réparer. Les commerçants et les industriels se font complices pour inciter le consommateur à changer souvent ses appareils. Les uns en faisant payer très cher toute intervention technique, les autres en concevant des produits difficilement réparables. Ces pratiques conduisent au gaspillage des matières premières et à la pollution par les déchets. Est-ce la rançon inévitable de la croissance et du progrès technique?

L'évolution des produits techniques n'est pas sans rappeler celle du monde vivant. En un raccourci temporel fantastique, les produits conçus par les laboratoires et l'industrie sont passés de l'ère primaire à ce qui aujourd'hui apparaît comme le post-quaternaire. L'évolution du vivant a-t-elle été remplacée par celle des artefacts techniques? Les analogies entre les deux processus sont nombreuses. Des produits sont déplacés du marché par d'autres, plus attractifs, comme les espèces chassées de leur milieu par d'autres, plus résistantes aux nouvelles conditions de vie. Aux monstres disparus de l'évolution correspondent des filières techniques sans lendemain, comme les dirigeables supplantés par les avions. J'exerçais mes talents sur des produits que je qualifierais comme issus de l'ère tertiaire. Ils ressemblaient à ceux d'aujourd'hui comme le tigre aux dents de sabre s'apparente à son homonyme du Bengale. Je rencontrais des appareils du secondaire et même, plus rarement, du primaire, qui m'ensorcelaient comme un squelette de stégosaure peut fasciner un paléontologue. Sur ce dernier, j'avais l'avantage de pouvoir parfois ramener à la vie les vieux appareils découverts dans l'arrière boutique de mon ami réparateur, tandis qu'on n'a fait revivre les dinosaures qu'au cinéma, dans *Jurassic Parc*.

A l'approche de notre départ, je dus fermer boutique. Je confiai à mes deux amis mes instruments, mes pièces détachées, mes lampes et mon stock de vieux châssis avec leurs précieux composants encore à récupérer, en leur demandant de les vendre après mon départ aux bricoleurs que nous connaissions au lycée.

J'y ajoutai mes économies, quelques centaines de couronnes, le tout devant servir à couvrir le prix de mon abonnement à *Radioamatér* pendant les quelques années que durerait mon exil. Il y avait de quoi financer ma souscription à cette revue pendant au moins cinq ou six années. Mes amis et moi ne pensions pas que mon absence dépasserait un temps aussi long. Je ne savais pas si j'allais pouvoir continuer mon passe-temps favori dans mon pays d'accueil, mais je ressentais le besoin de maintenir, au moins au travers de ce mensuel technique, un lien avec le monde que j'allais quitter.

La revue me servit en effet, pendant les deux années où elle continua à me parvenir, de cordon ombilical avec mon passé et adoucit le mal du pays qui, même à l'ombre des palmiers, me saisissait parfois dans ma nouvelle patrie. Elle me permit aussi de montrer à mes nouveaux amis niçois, parmi lesquels je découvris rapidement quelques amateurs de radios, que je venais d'une région qui n'avait malgré tout, au moins sur le plan technique, rien à envier à la leur.

Les ultimes préparatifs

En écrivant ces lignes, j'ai hâte d'en terminer avec l'évocation de ce départ, qui semble traîner en longueur. Mes années de jeunesse à Nice s'impatientent dans ma mémoire, de même que j'étais alors pressé de connaître ce monde dont je n'avais gardé que des souvenirs d'enfance. A la tristesse de quitter mes amis et mon pays se mêlait l'attente de revoir le pays que l'éloignement et le temps avaient idéalisé à mes yeux, comme à ceux de mes parents. L'envie qu'éveillait chez mes amis initiés au secret la perspective de mes aventures à venir ne faisait qu'attiser mon impatience.

Aussi n'étais-je pas mécontent de voir que nous entrions dans la dernière ligne droite et que nos préparatifs s'accéléraient. Cette excitation s'accompagnait, surtout chez mes parents, d'une inquiétude devant l'échec possible de notre tentative. Nous courions le risque de ne pouvoir résoudre à temps tous les problèmes posés par l'organisation de notre évasion et de voir surgir au dernier moment des imprévus compromettant le succès de notre projet.

Dans la mesure du possible, nous voulions emmener avec nous les quelques biens précieux qui avaient survécu aux pillages. Par chance, l'ambassadeur d'Italie en Tchécoslovaquie était un comte Montecuccoli, lointain cousin de ma mère. Elle lui rendit visite à Prague et obtint de pouvoir confier au signore Bocchini, consul italien à Bratislava, ses bijoux, un peu d'argenterie et nos deux tableaux les plus intéressants, des vues d'Italie du début du 19e siècle, d'un peintre hongrois renommé du nom de Markó. Les tableaux furent enlevés de leurs cadres, roulés, puis confiés au consul qui fit sortir le tout par la valise diplomatique. Nous avons récupéré l'ensemble chez une tante de ma mère, à Modène je crois, où la diplomatie italienne l'avait obligeamment fait livrer. Les deux tableaux sont, depuis la mort de ma mère, dans notre salon. Je devrais les faire restaurer car ils portent encore des traces de leur itinérance forcée. Il est dommage qu'un très beau portrait de mon arrière-grand-père ait été confié à notre cousin Gyuri Kochanovszky à Bratislava. Mes parents devaient estimer qu'il présentait une valeur marchande moindre que les deux tableaux de Markó. Après 1989, lorsque nous avons rendu visite à sa veuve Mariska, celle-ci ne l'avait plus et ne s'en souvenait pas. Elle et son mari avaient traversé tant de vicissitudes que je ne pouvais pas lui en vouloir. Le portrait est facilement reconnaissable, car dans un coin le peintre avait reproduit notre blason. Lorsque j'en ai l'occasion, je parcours les musées de Slovaquie, espérant retrouver mon ancêtre au détour d'une galerie. Sans succès jusqu'à présent. Il orne peut-être le bureau de quelque ministre ou haut-fonctionnaire, illustrant l'existence d'une ancienne noblesse slovaque. Le tableau était assez beau pour mériter un tel honneur, qui cependant ne me console pas de sa perte.

Puis ce fut au tour des meubles, qu'il était hors de question de faire sortir du pays. Quelques belles pièces furent confiées, sur recommandation de notre ami, le supérieur des franciscains de Nitra, à la maison mère de son ordre à Bratislava. C'était le pire choix que mes parents pouvaient faire, qui témoigne de leur ignorance sur la nature des évènements qui allaient suivre. Comme je l'ai dit plus haut, en parlant des religieuses qui m'avaient préparé à l'admission au lycée slovaque de Nitra, les couvents furent fermés, les religieux dispersés, déportés ou emprisonnés, et les biens des ordres confisqués ou simplement volés. Je n'ai pas cherché à enquêter sur le sort de nos meubles auprès des vieux survivants de l'ordre qui auraient pu s'en souvenir, ç'eut été probablement inutile et certainement déplacé.

Un beau secrétaire fut aussi confié à notre cousin de Bratislava. A la différence du portrait de mon arrière-grand-père, il est toujours là et tante Mariska m'a promis qu'il me reviendrait après sa mort. Peut-être par excès de délicatesse, je n'ai pas osé lui demander de me le restituer de son vivant. Dans mes contacts avec les personnes qui ont souffert de la dictature, j'ai eu plusieurs fois l'impression qu'elles trouvaient que les émigrés avaient envers elles une dette à acquitter. Comme si nous étions responsables de leurs malheurs et qu'il n'ait pas tenu qu'à elles de tenter de faire comme nous!

Une des inconnues principales était l'accueil que la police des frontières réserverait à nos "laissez-passer". Notre ami Gyuri Nemes écrivit à ce sujet à l'un de ses collègues, avocat au barreau de Bratislava bien introduit au ministère de l'intérieur. Sa réponse est conservée dans les papiers que ma mère m'a légués. Elle avait de quoi nous laisser perplexes. Avec notre "laissez-passer", nous n'avions pas besoin d'une autorisation de sortie du territoire, très difficile à obtenir: aux yeux des autorités tchécoslovaques, le document en notre possession signifiait que la France nous reconnaissait pour ses citoyens. Mais alors, comment étions-nous arrivés en Tchécoslovaquie et avec quelle autorisation y avions-nous résidé? Citoyens étrangers, nous ne pouvions pas y séjourner légalement sans un permis correspondant. Et sans ce permis, écrivait l'avocat, on ne nous laisserait pas sortir. Or, avec ce "laissez-passer", l'obtention d'un permis de séjour était une affaire aussi compliquée que celle que nous aurions eu à affronter si nous avions demandé un permis de sortie du territoire.

Nous étions pris au piège, malgré nos beaux papiers français. La lettre est datée du 7.10.1948, trois mois à peine avant notre départ. Je ne sais pas exactement ce que fit mon père pour conjurer la menace, car je n'ai pas d'autres documents sur le sujet. Mais en examinant attentivement nos "laissez-passer", j'ai découvert au verso, parmi les visas, les allocations de devises, les cachets des polices de frontière et les attributions de tickets de rationnement français, un reçu à moitié effacé pour une taxe de séjour de 100 couronnes, couvrant la période du 17.12.1948 au 3.2.1949 et portant le cachet du "soviet" de Nitra. C'est donc probablement à ce fragile témoignage, acheté à quelque fonctionnaire véreux ou complaisant, concernant la légalité de notre séjour dans ce qui n'était plus notre pays, que nous devons de n'avoir pas été refoulés à la frontière.

Le jour de la Saint-Sylvestre 1948, nous prîmes à Bratislava le train pour Vienne. Nos maigres effets de valeur nous avaient déjà précédés par la valise diplomatique italienne. Nous n'avions que quelques valises contenant nos meilleurs vêtements et, comme seul trésor, caché parmi mes affaires, le fameux moulin à café électrique dont j'ai parlé dans mes souvenirs d'enfance. Un quart d'heure après son départ de la gare principale de Bratislava, le train s'immobilisa au poste frontière de Marchegg. Les voyageurs furent priés de rester à leurs places, les contrôles de police et des douanes se faisant dans le train. Le policier prit nos "laissez-passer" et les examina avec étonnement, car il n'était pas habitué à voir des passeports prendre la forme d'une feuille dactylographiée, même munie de cachets officiels. Il regarda d'abord le document de ma mère, vit qu'elle était née en Italie et le rendit. Puis il scruta le mien, qui lui parut également en ordre, puisque j'étais né à Vienne, donc également à l'étranger. Il s'arrêta sur le document de mon père. "Comment, vous êtes Français et vous êtes né à Nitra?" La chose ne lui parut pas très catholique. Il nous signifia qu'il devait en référer à ses supérieurs, puis disparut en emportant nos papiers. Nous attendîmes une demi-heure, et le train dut attendre avec nous. Ce fut sans doute, pour mes parents, la demi-heure la plus longue de leur vie. Je me rappelle bien la scène, mais je ne sais plus si j'étais particulièrement nerveux et angoissé par le destin qui nous attendrait si on ne nous laissait pas partir. Mes parents savaient qu'ils avaient brûlé leurs vaisseaux et que le retour serait une catastrophe. Finalement, l'homme en uniforme revint et, revêtant un instant le rôle d'un ange bienfaiteur, nous remit sans la moindre explication les "laissez-passer" dûment tamponnés. Nous nous sommes bien gardés de lui demander des éclaircissements. Le contrôle de la police autrichienne n'était plus, après cela, qu'une simple formalité. Le train s'ébranla, et nous arrivâmes à Vienne dans la soirée. Ce fut avec un immense soulagement que nous fêtâmes la

Saint-Sylvestre chez ma grand-mère. Les souhaits de bonne année échangés à minuit prirent soudain une crédibilité qui leur avait fait défaut depuis fort longtemps.

Nos amis partent aussi

Nos amis Nemes furent obligés de retarder leur départ à cause de l'enfant qu'attendait Sonia, puisqu'elle devait rester couchée six mois. En mars 1949, trois mois après notre départ, Sonia fut enfin prête à affronter le voyage. Entre temps, Gyuri avait fait les démarches nécessaires. Il réussit à obtenir des passeports tchécoslovaques en prétextant qu'ils avaient l'intention d'émigrer en Israël, puis bénéficiant d'une complicité, il les subtilisa avant l'apposition du visa d'émigration.

Grâce à leur illustre soutien, l'ambassade française de Prague avait accepté de faire sortir une grosse ménagère contenant les restes de l'argenterie familiale. A toutes fins utiles, ils y avaient glissé d'importants papiers, notamment les titres de propriété des domaines familiaux. Ils eurent moins de chance avec la valise diplomatique française que nous avec son homologue italienne. Lorsque le coffre arriva à Paris, il ne contenait plus que les papiers. Sonia avait réussi à sauver au moins ses bijoux, qu'elle avait confiés à ma mère et qui sortirent avec les nôtres, toujours grâce aux obligeants diplomates transalpins.

Avant leur départ, ils organisèrent aussi celui d'Enid, qui devait les suivre quelque temps après. Enid avait déjà fait une première tentative d'évasion avec des passeurs, qui lui avaient fait traverser le Danube et l'avaient déposée — avec une bicyclette — sur la rive autrichienne. De là, elle devait tenter de rejoindre Vienne. Pour son malheur, son air désemparé la fit remarquer par un gendarme autrichien qui, voyant la marque de son vélo, comprit rapidement d'où elle venait. Le règlement de la zone d'occupation soviétique, où elle se trouvait en Autriche, voulait qu'elle fût expulsée vers son pays d'origine. Après avoir rédigé le procès verbal, le gendarme lui offrit une chance de s'enfuir en la laissant quelque temps seule dans son bureau, mais Enid n'eut pas la présence d'esprit d'en profiter. Elle finit sa course dans une prison de Bratislava, où Gyuri vint la délivrer. Le régime n'avait pas encore mis en place ses pratiques musclées et l'administration de la prison fut contente d'être débarrassée d'un cas encombrant. Peut-être aussi Gyuri avait-il réussi à rendre un geôlier complaisant en lui graissant la patte. Le deuxième départ fut le bon. Cette fois, elle devait prendre un train d'émigrants juifs venant d'Union Soviétique. Tous les candidats à l'émigration ne voulaient pas aller en Israël. A ceux-là, le convoi ne servait qu'à quitter la patrie du socialisme réel et, en chemin, ils sautaient du train. Avec de l'argent, Gyuri avait fait le nécessaire pour que, dans un prochain convoi, Enid puisse prendre la place d'un voyageur ayant renoncé à la destination finale. C'est ce qui arriva. Enid monta dans le train à Bratislava et en descendit à Vienne. De là, elle arriva sans trop de problèmes à Paris.

Gyuri et Sonia trouvèrent encore un refuge pour la grand-mère de Sonia, puis ils s'en allèrent comme pour une excursion, en assurant la femme de ménage de leur prochain retour. Il n'y avait pas d'obligation de visas entre pays frères, aussi purent-ils rejoindre Budapest sans difficultés, au prétexte d'une consultation médicale rendue nécessaire par l'état de Sonia. De là, toujours munis de leurs seuls passeports sans visas, ils reprirent le train pour Vienne, traversèrent la zone d'occupation soviétique de l'Autriche et arrivèrent au Südbahnhof, situé dans le secteur russe de la capitale autrichienne. Ils se rendirent aussitôt chez un oncle de Sonia qui habitait providentiellement dans le même secteur. Il prit leurs passeports et, grâce à la protection dont ils jouissaient, obtint le jour même au consulat français les visas nécessaires à la poursuite du voyage. Il leur acheta deux billets de wagons-lits, réussit à les faire passer en zone libre et les mit dans le train pour Paris. Ainsi s'achevait la partie aventureuse de leur voyage. J'aurai encore souvent l'occasion de parler de nos amis lorsque j'aborderai les phases ultérieures de ma vie.

Ce qui arriva après mon départ

J'ai conservé la plupart des lettres que mes deux amis, Karol Zverka et Milan Vinczúr m'ont écrites à Nice après mon départ, jusqu'à ce que l'oubli ou la crainte de la censure ne tarisse leur correspondance. Ce sont comme des bouteilles à la mer qui auraient traversé l'océan du temps. Elles témoignent d'évènements survenus après que j'aie quitté le navire et portent encore les empreintes de vies lointaines. Au-delà des mots, les écritures trahissent l'état physique et moral de leurs auteurs, dont l'encre jetée sur le papier convoque en moi l'image.

Lettres de jeunes gens, parlant parfois avec naïveté des préoccupations de leur âge plein d'incertitudes, elles constituent aussi une chronique de la transformation du monde qui environnait mes amis et témoignent du trouble et du rejet que ce bouleversement provoquait en eux. Elles laissent apercevoir le changement que subit à marches forcées, avec l'installation du régime communiste, la société entière.

Par fidélité et parce que je crois que cela ajoute à l'authenticité du témoignage, j'ai conservé la totalité du texte. Dans ces lettres, qui répondent aux miennes, on retrouve l'écho de mes états d'âme d'alors. On y perçoit le mal du pays et la tristesse qui s'emparaient de moi au début, malgré le soleil, la mer et les palmiers qui suscitaient l'envie de mes correspondants. On y lit le reflet de mes soucis, de mes progrès scolaires, l'étonnement et l'intérêt que provoquaient en moi les différences que je constatais tant au niveau de l'enseignement que de la vie en général et que je cherchais à communiquer à mes amis, comme le ferait un explorateur qui découvre des contrées inconnues. Y transparaissent même les soucis de mes parents, par exemple pour le logement, dont je devais également parler dans mes lettres.

La partie la plus intéressante, pour un lecteur qui n'a pas pour cette correspondance l'attachement sentimental que je peux avoir, sont, je crois, les témoignages directs sur l'installation progressive du régime communiste, vue au travers de l'expérience quotidienne de deux adolescents de province. Défilent ainsi, au fil des lettres, l'introduction de l'enseignement obligatoire du marxisme devenu la matière principale au baccalauréat, la suppression de l'enseignement religieux et la mise à l'écart des professeurs qui ont des liens avec l'Eglise, la persécution des religieux et la dissolution des couvents, la "laïcisation" de Noël, la propagande soviétique envahissante et la fermeture à toute influence occidentale, qu'il s'agisse de films ou même de musique de danse, la disparition du petit commerce privé et la nationalisation des entreprises, l'inflation des prix sur le marché libre et l'introduction d'un circuit de marchandises rationnées à des prix contrôlés, le traitement discriminatoire infligé aux cols blancs, aux commerçants, aux artisans et aux paysans aisés privés de tickets de rationnement, les brigades de travail constituées de jeunes "volontaires", la construction d'une voie ferrée en montagne par des brigades de lycéens et d'étudiants contraints d'effectuer ce travail dangereux au mépris des règles de sécurité, etc.

Tout n'est pas noir dans ces évocations. Ainsi, dans sa première lettre, Karol annonce fièrement le lancement de la construction d'un complexe sportif à Nitra. Cependant, il devra être construit par les brigades auxquelles il est tenu de participer. Le travail se fera au détriment des heures d'enseignement et pendant le temps libre. Quelque temps après, il constate que le projet n'avance guère et semble en voie d'être abandonné. Dans une autre de ses lettres, il annonce la mise en place d'un réseau de transports urbains avec de vieux bus retirés de la circulation à Prague. Le prix des tickets est si élevé qu'il renonce souvent à les emprunter. Une certaine effervescence révolutionnaire accompagne l'avènement du nouveau régime. Ainsi, un foisonnement d'initiatives prend corps au lycée. Des cercles d'échanges se créent, où les meilleurs élèves aident ceux qui sont en difficulté, une émulation est organisée entre les classes. Mais ces réformes ont des relents stakhanovistes et les professeurs, qui doivent suivre une formation idéologique, sont démotivés.

La dernière lettre de Karol est de juillet 1950. Il m'annonce sa réussite au baccalauréat et me décrit ses hésitations quant à la poursuite de ses études. Il a dû passer un entretien, obligatoire pour tous les candidats aux études supérieures, destiné à s'assurer de leur "maturité politique", où il n'a été accepté qu'avec difficultés. Est-ce la raison pour laquelle il a jugé plus prudent de ne pas poursuivre une correspondance avec un émigré? Je ne le sais pas, sa dernière lettre ne laissait pas présager son silence à venir. Lorsque, après 1989, j'aurais pu chercher à le revoir, mon cousin de Nitra qui l'avait bien connu m'en a fortement dissuadé. Devenu ingénieur en bâtiment comme lui, Karol fut son collègue de travail pendant de nombreuses années. Lors de la politique de "normalisation" qui a suivi l'invasion de la Tchécoslovaquie par les troupes soviétiques en 1968, Karol devint le secrétaire du parti dans l'entreprise. Il devait veiller à l'application des mesures décidées par le pouvoir, c'est-à-dire des brimades ou de la mise à l'écart frappant tous ceux qui avaient osé se découvrir pendant le "printemps de Prague". Karol accomplissait, paraît-il, cette besogne avec un zèle particulier qui le faisait détester par tout le personnel. Par amitié pour mon cousin, j'ai renoncé à lui rendre visite. Aurait-il su m'expliquer comment, naguère si critique dans ses lettres à l'égard des pratiques du nouveau régime, il avait pu, dans une de ses phases les plus sombres, devenir l'exécuteur de cette politique qu'il avait rejetée dans le passé?

Comme en témoigne aussi le style de ses lettres, Karol, le premier de la classe, était intellectuellement le plus doué des deux. Peut-être à cause de ses origines paysannes, Milan était moins porté sur les études, qu'il finit par abandonner avant le baccalauréat. C'était un esprit sensible et pratique à la fois. Ses lettres témoignent d'une grande fidélité en amitié. C'est lui qui m'a écrit le plus longtemps, jusqu'en 1953. Sous mon influence peut-être, il s'était intéressé à l'électricité et à l'électronique, dont il semble s'être fait un métier. Dans sa dernière lettre, il décrit comment il avait commencé à faire des études techniques en étant payé par l'entreprise dans laquelle il avait fait son apprentissage.

Il vient de signer un contrat avec une autre entreprise, où il avait fait un stage, s'engageant à y travailler au moins cinq années après la fin de ses études. En contrepartie, il peut bénéficier aussitôt de congés payés et de l'assurance-maladie. C'était encore un aspect positif du nouveau régime, la facilitation des études pour les jeunes issus des classes laborieuses. Milan semble heureux, mais un nuage obscurcit l'horizon. Les choses viennent de changer, écrit-il, me promettant des explications dans une autre lettre, qui n'est jamais venue. Je ne l'ai pas revu. Pourtant son village, dont j'aurais pu questionner les habitants pour le retrouver, n'est qu'à environ 30 kilomètres de Nitra. Sans doute suis-je moins fidèle que lui.

Ainsi, mes premiers amis de l'adolescence, un âge où les amitiés semblent promises à l'éternité, sont-ils restés dans ma mémoire tels qu'ils étaient lorsque je les ai quittés. Comme le pays où j'ai vécu ma jeunesse, dont j'ai gardé trente-quatre ans l'image inchangée. Jusqu'au moment où je l'ai revu, pour la première fois, en 1982.

Les lettres de Karol

Nitra, ce 13 avril 1949

Cher Pištinko,

J'ai enfin reçu ta précieuse lettre. Merci pour tes premières lignes très aimables, que je reçois avec une amicale réserve.

Pardonne-moi de ne pas t'avoir écrit le premier. Mais il me semble que nous nous étions entendus que tu saisirais ton stylo le premier, me laissant le soin de te répondre ensuite avec un style bien de chez nous.

Mon existence à Zobor s'écoule lentement, comme l'eau de la rivière Nitra (j'espère que tu n'as pas encore oublié ce cours d'eau sale dans lequel on trouve de tout sauf de l'eau pure). Voici déjà un de tes gros avantages: la qualité de l'eau (je t'envie aussi un peu). Parfois je pense à toi et j'aimerais t'avoir près de moi. Tu te rappelles sûrement nos conversations passionnantes.

Bien, pour ne pas gaspiller inutilement l'encre et pour cesser d'abuser de ta patience, je vais te dire ce qu'il y a de nouveau chez nous.

Nous approchons des trois quarts de l'année scolaire et beaucoup de choses ont changé pendant ce temps. Le nombre des élèves diminue lentement. Par exemple, Laco Petrus a été exclu pour divers délits (tabagisme, ivresse). De sorte qu'il ne restera bientôt que peu d'élèves de la section moderne. Cela ne présage pas bien de l'avenir. A la mi-année plus de 36% de nos camarades n'ont pas eu la moyenne, à peu près 16. Alors forcément, pendant le quart d'année suivant (l'année scolaire est divisée en quatre) *nous avons eu de meilleurs résultats.*

Notre classe se retrouve parfois chez l'un d'entre nous et nous discutons très ouvertement avec Gráčik (notre professeur principal). *D'autres fois nous faisons la fête. Par exemple, récemment nous avons été une vingtaine chez Lissý. Çà, c'était une rencontre!*

Pištinko, parfois tu me manques en classe de français. Ce serait bien de pouvoir copier sur toi. Qu'est-ce qu'on peut faire, je dois me débrouiller seul.

Il y a eu un changement parmi les professeurs. Sœur Liliosa ne nous enseigne plus la philosophie. A sa place nous avons maintenant un jeune prof quelconque (dommage qu'elle ne soit plus là, elle était intelligente et pleine de sagesse).

Dans les écoles il y a maintenant une compétition entre les classes. Nous avons aussi une notation publique. Cela signifie que la note attribuée à celui qui est interrogé doit être annoncée par le professeur à toute la classe. Nous avons toutes sortes de graphiques pour suivre les progrès de la classe.

On doit construire un nouveau complexe sportif à Nitra. Les travaux préparatoires ont déjà commencé. Il est possible que nous soyons mis à contribution. Dommage que tu ne sois plus là, tu aurais pu participer à ce projet avec enthousiasme.

C'est tout ce qu'il y a de nouveau et qui pourrait t'intéresser. J'espère que tu t'en contenteras. Pardonne-moi si je t'envoie cette lettre dans une enveloppe officielle, mais je n'en ai pas d'autre sous la main.

Je salue respectueusement tes parents ainsi que toi-même, ton ami fidèle

Karol

Nitra, le 7 juin 1949

Cher Pišta,

Depuis le flanc de notre cher Zobor, je t'adresse un nouveau bonjour. J'ai reçu ta longue lettre il y a déjà un mois. Elle était vraiment très amicale. Grâce à tes lettres je me suis fait une idée plus ou moins claire du pays où tu mènes ton existence. Pardonne-moi de te répondre avec autant de retard.

Il y avait beaucoup de choses intéressantes dans ta lettre. J'ai été étonné que les gens soient tellement plus pratiquants, leur mode de vie et la façon d'enseigner m'ont également surpris. J'ai été ébahi par la vitesse avec laquelle tu t'es adapté à ton nouvel environnement, surtout au lycée. Je trouve intéressante la manière dont les professeurs se comportent avec leurs élèves. Mais ce qui surpasse tout, c'est la contrée où tu vis. J'aimerais bien changer avec toi, surtout à cause de cette mer si belle.

Et maintenant, quoi de neuf chez nous, qu'est-ce qui a changé et qu'est-ce qui est resté comme avant. Je peux dire que la vie n'a que peu changé par ici. Elle continue en suivant son cours ancien. Nous avons de plus en plus d'entreprises publiques. Les marchands de radios ont été remplacés par l'entreprise nationale Elektrotechna. *A la place des vendeurs de bicyclettes on a introduit* Mototechna. *Beaucoup de magasins ont fait faillite, par exemple* (suit une liste de noms), *etc. Bientôt nous n'aurons plus que des entreprises publiques.*

La seule chose qui me plaise, c'est qu'on a commencé à bâtir le complexe sportif. On le construit sur l'île, à la place du champ des Bulgares, à côté des courts de tennis. Pour creuser les fondations on fait appel à nous aussi. Presqu'une fois par semaine, à la place des cours, nous y allons en brigades de travail. Le chantier n'avance que très lentement car seules des brigades de volontaires y travaillent. Le projet est grandiose. Nous devrions avoir un stade, trois courts de tennis, un terrain de volley, une patinoire pour le hockey de glace. Mais je t'affirme que même dans cinq ans le travail ne sera pas terminé. Quelle planification!

La vie à Zobor est à peu près normale. Les conditions n'ont pas changé.

Et quoi de neuf à l'école? Tout va très lentement. L'émulation entre les élèves a presque disparu. Le niveau de l'enseignement a baissé. Les professeurs semblent démotivés et nous le sommes aussi. La raison en est qu'on nous conduit trop souvent au cinéma, pour voir des films russes soi-disant éducatifs, dont nous ne tirons aucun profit. En outre, il faut que nous participions tout le temps à toutes sortes de brigades.

Je dois te dire que parfois j'en arrive à m'ennuyer à Nitra. Il n'y guère de lieux de distractions.

Dans les cinémas on ne projette que des films russes, que je ne vais pas voir par principe. Il n'y a presque jamais de films américains, seulement quelques films anglais qui ne valent rien.

Les rapports avec notre professeur principal Gráčik se sont améliorés. Nous nous entendons bien avec lui dans l'ensemble. Cela vient en partie de ce que nous avons fait une excursion d'une semaine en Moravie. Nous avons visité Brno, le mont Macocha, Zlín et Luhačovice. Le temps passe vite et l'année scolaire sera bientôt finie.

Pendant les vacances, j'irai travailler à la Voie ferrée de la jeunesse. *On doit aussi faire ces choses-là.*

Maintenant quelque chose sur les carambolages à Nitra. Nous avons eu une semaine de la sécurité routière. On a peine à imaginer combien nous avons eu d'accidents pendant cette période-là. Čerňák (Pubo) s'est fracassé la tête et se trouve à l'hôpital, Jana Kováčiková était sur mon vélo lorsqu'elle est passée sous une moto 350 NSU. Ma bicyclette est en miettes et Jana aussi est à l'hôpital. Il ne lui est rien arrivé de grave, elle s'est seulement écorché la jambe.

Je termine, car je n'ai bientôt plus de place. Il n'y aucune autre nouveauté.

Je te remercie de la carte que tu m'as envoyée et de l'échantillon de ton cours de géométrie que je te retourne dans cette lettre. Ne m'en veuille pas de t'avoir écrit si tard. Ecris-moi ce qu'il y a de nouveau chez vous.

Je salue respectueusement tes parents et à toi surtout j'adresse un cordial salut,

Ton ami fidèle

Karol

P.S. J'ai transmis tes salutations.

Nitra, le 2 juillet 1949

Cher Pišta,

Je me suis à nouveau décidé à jeter quelques mots sur le papier, pour conforter le souvenir que j'ai de toi. Je te remercie tout d'abord de ta lettre très amicale qui m'a fait grand plaisir. Je suis heureux aussi que tu m'aies répondu si rapidement et que nos liens soient encore aussi forts. J'espère qu'ils le resteront. Avec cette lettre je t'adresse un grand salut de notre contrée au pied du Zobor.

Et maintenant, qu'est-il arrivé de neuf chez nous pendant ces 2 ou 3 semaines? Le temps qui s'est écoulé depuis ma dernière lettre est passé très vite et notre année scolaire est maintenant derrière nous. Je peux maintenant entonner les chansons des élèves de l'"octava" car j'en fais partie. Contre toute attente, dans l'ensemble cela s'est bien terminé pour notre classe. Il n'y a que deux élèves qui doivent redoubler, Gúcky et Dvoran, une autre grosse tête du même type que lui. Cinq élèves devaient redoubler, mais Gráčik a fait un effort et a réduit ce nombre à 2. Gubi (surnom de notre professeur de physique) *par exemple, j'espère que tu t'en souviens encore, voulait faire redoubler 10 élèves sur 15. Finalement il leur a mis 3* (passable). *Je ne sais pas, peut-être a-t-il eu peur que quelqu'un lui fasse la peau. Les professeurs de russe et de slovaque ont remonté leurs notes et le professeur de mathématiques a même été très généreux. En tout, sept élèves ont reçu les félicitations (auxquels par tradition j'appartiens moi aussi), quatre doivent repasser des examens en automne et deux doivent redoubler.*

J'ai des problèmes avec mon bulletin de fin d'année. Lundi nous devions participer à une brigade de travail à Alekšince, à laquelle je ne suis pas allé car le vendredi précédent nous avons eu nos principaux examens de fin d'année. Le lendemain, Dežo (un des surnoms du professeur principal) *nous a annonçé que ceux qui n'étaient pas allés travailler devaient apporter un "certificat médical officiel de 120 couronnes". Personne évidemment n'a voulu lui apporter ce document (en dehors de moi il y avait encore 5 garçons concernés). Lorsqu'il a commencé à distribuer les bulletins, il n'a pas voulu nous donner les nôtres tant que nous ne lui aurions pas donné le certificat ou versé 120 couronnes dans la cassette de la classe. As-tu déjà vu une telle logique! Je ne lui ai bien entendu pas payé les 120 couronnes et je lui ai laissé mon bulletin. Qu'il se le garde jusqu'en septembre, s'il est aussi bête. Au moins il restera propre. C'est ça la liberté des élèves! Tu travailles et à la fin on refuse de te donner ton bulletin à cause d'une misérable brigade de travail. J'espère qu'il n'en résultera pas de complications.*

Te me demandes dans ta lettre pourquoi les gars ne t'écrivent pas. C'est ainsi, vois-tu, on leur dit de t'écrire et ils l'oublient aussitôt, toute la classe. C'est le genre d'amis que nous avons, chacun pour soi.

Pišta, tu peux être heureux de vivre dans un pays où tu ne dois pas participer à des brigades de travail. Je t'envie un peu. Car que nous reste-t-il de nos vacances tant attendues? En tout un "grand trou dans la brioche" (expression populaire slovaque). *Je dois aller en juillet travailler comme "volontaire" sur la* Voie ferrée de la jeunesse. *Nous partirons probablement le 4. De notre classe il y aura à peu près 10 personnes. Si je n'allais pas sur la* Voie, *je n'obtiendrais pas de logement d'étudiant lorsque j'irai faire mes études à Bratislava. Je t'écrirai comment cela s'est passé.*

Il est possible qu'en août nous soyons obligés d'aller travailler dans les fermes d'état. De sorte que je ne profiterai pas beaucoup de mes vacances. Dommage, car cette année je me suis encore peu baigné (peut-être deux fois seulement). Le temps est impossible. Le ciel ne veut pas s'éclaircir. Il pleut et il pleut, il y a tout le temps des nuages et cela fait longtemps que je n'ai pas vu le soleil. Si cela doit durer, je goûterai très peu à l'eau. Tu m'écris que là-bas tu te baignes presque chaque jour. Voilà encore un de tes grands avantages!

Je t'avoue que parfois je ne sais pas quoi faire, je m'ennuie. Car il est sans intérêt d'aller au cinéma, en ville tout est vieillot, je ne peux pas me baigner, mon vélo est dans un piteux état, etc. Pour le vélo, il est impossible de lui trouver un nouveau cadre. Au fait, tu m'as demandé comment allaient les Moravec? Eh bien, le vieux a toujours sa moto et aussi son atelier de menuiserie. Sa situation est encore correcte. Il y assez de motos, car la vente est libre. On peut aussi les acheter avec des tickets, la différence est dans le prix. Par exemple le modèle Manet *coûte 9.000 couronnes avec des tickets et 19.500 en vente libre. Il en est de même pour d'autres articles.*

Pištinko, dans cette lettre je t'envoie un tas de timbres, de ceux qui sont actuellement en circulation chez nous. Quand tu m'écriras, envoie ta lettre chez moi, on me la fera suivre à la Voie.

Je salue respectueusement tes parents, à toi surtout j'adresse un cordial salut, ton

Karol

P.S. Ecris-moi comment tu vas passer tes vacances.

Nitra, le 7 septembre 1949

Cher Pišta,

Avant de t'adresser un salut amical de Nitra, je te demande de m'excuser de n'avoir répondu qu'avec autant de retard à ta lettre. Quelquefois on ne se rend pas compte à quel point le temps s'écoule vite, voilà déjà deux mois qui se sont envolés. Tu sais, une des causes est aussi qu'on oublie facilement. C'est ce qui m'est arrivé. J'ai passé un mois sur la Voie ferrée de la jeunesse *en juillet, comme je te l'avais annoncé, puis un mois de repos et me voilà de retour au lycée. J'espère que tu ne m'en veux pas et je te demande encore pardon.*

Et maintenant, voici ce qui s'est passé pendant ces deux mois. D'abord je veux te décrire brièvement comment j'ai vécu ce mois sur la Voie ferrée de la jeunesse. *Dans l'ensemble, s'il n'avait pas fallu travailler, ç'aurait été une récréation assez bonne. J'étais au camp n°9, tout près de Banská Štiavnica (il y avait au total 9 camps le long de la voie ferrée). Dans le camp il n'y avait que des tentes. Dans chacune dormaient 30 brigadistes et ensemble il y avait 23 tentes. Tu sais, une tente convient à un campement dans la plaine, mais pas dans la montagne. La nuit il faisait si froid que nous devions garder tous nos vêtements pour nous tenir un peu chaud. Et le jour, sous le soleil brûlant, il y faisait une chaleur insupportable. Mais le pire était le travail. Nous travaillions de 6 heures du matin jusqu'à midi, six heures en tout. Notre chantier se trouvait à l'entrée d'un tunnel. Nous devions évacuer des rochers devant cette entrée. Le travail était très dangereux, car nous étions constamment menacés d'éboulements. A l'intérieur du tunnel, c'était encore pire. Quelques gars y ont presque perdu la vie. Je faisais très attention qu'il ne m'arrive rien. Nous étions 30 garçons et 5 filles. Nous devions travailler dur, car il y avait encore beaucoup à faire et la voie ferrée devait être terminée pour le 28 octobre* (date de la fête nationale tchécoslovaque) *de cette année. Parfois nous devions atteindre un rendement de 180% (tu sais bien, ces fameux "pourcentages"). Cela ne nous a pas réussi, certains se sont déchiré les muscles. Quant à moi, je n'étais pas de ceux qui se tuaient au travail. Je suivais mon rythme et je m'accordais le repos nécessaire. On m'a parfois menacé de me stigmatiser à l'ordre du jour comme un parasite. Mais de parasitage il ne pouvait être question, car la nourriture laissait beaucoup à désirer. Quelquefois nos déjeuners étaient si misérables que nous jetions la totalité dans le ruisseau. A part cela, l'après-midi après le travail, nous avions des séances culturelles et de culture physique où l'on nous enseignait les "conquêtes de la modernité". Nous ne pouvions nous éloigner d'un pas du camp, malgré la présence toute proche d'un petit lac charmant. Quand j'ai essayé d'aller m'y baigner, j'ai dû d'abord courir pendant des heures pour obtenir un permis de sortie pour les 3 ou 4 pas que j'avais à faire. Ils ne voulaient pour rien au monde nous accorder un peu de récréation. Seulement travailler et travailler.*

Heureusement, même ce mois qui paraissait si long a fini par se terminer. Le principal était que j'étais en bonne santé et que je n'ai pas été blessé, malgré le nombre élevé des accidents, 500 en un mois. Figure-toi qu'ils nous ont demandé de rester encore un mois sur la voie ferrée. Il ne s'est pas trouvé un seul idiot pour accepter. Et c'est ainsi qu'a pris fin notre participation à la Voie ferrée de la jeunesse. *De notre classe il y avait là encore un ou deux gars. L'essentiel est que je suis maintenant débarrassé de ce fardeau.*

Après, j'ai passé le mois de vacances qui me restait le plus souvent au bord de la rivière, car le temps était très beau. J'ai fait trempette toute la journée pour me rafraîchir un peu après cette corvée de la Voie ferrée. *Je suis parti quelques fois 2-3 jours en promenade pour visiter mes amis. J'ai employé mon temps libre à me baigner, à faire du sport et, surtout, à jouer au ping-pong avec les gars de notre lotissement. Ainsi, vois-tu, le temps est passé très vite, car ce mois était peu de chose pour moi qui étais habitué à deux mois de repos.*

Ainsi, les vacances sont terminées et nous avons commencé la dernière année de notre vie de lycéen. Le temps court vite et je suis déjà en terminale. J'espère pouvoir supporter encore une année au lycée. Comme tu vois, Pištinko, nous vieillissons.

Au lycée les choses ont peu changé. Notre professeur principal est toujours Gráčik, marié, s'il te plaît, à une personne que je n'ai pas l'honneur de connaître. Le directeur est toujours Korman, assez imbu de lui-même, espérons que cela ne lui portera pas tort. Nos camarades sont un peu plus sérieux qu'ils ne l'étaient, on peut voir que se sont déjà des élèves d'"octava". La vie est assez gaie, surtout lorsqu'il y a du chahut.

Autrement rien de neuf. J'ai presque oublié de te dire que nous avons eu une course de moto, à laquelle a participé aussi Mikino Bóna sur sa "Brigida" légendaire. Il est arrivé presque dernier. Jožko Humay y a participé sur sa 125cm³ ČZ. Mikino Bóna n'est plus avec nous, il est allé faire ses études à Nové Zámky pour éviter des désagréments avec Gráčik. Autrement, rien n'a changé.

Pištinko, écris-moi comment tu as passé tes vacances? Comment vas-tu? Et quoi d'intéressant chez vous en France?

Mes salutations à toute ta chère famille, à toi surtout j'adresse mille saluts

Karol

Nitra, le 2 novembre 1949

Cher Pištinko,

Je t'adresse à nouveau quelques phrases amicales. J'ai bien reçu ta lettre et je te remercie de ces lignes qui, au moins par le verbe, m'ont rappelé ta personne.

Comme je vois, tu as passé de bonnes vacances et tu te lances avec enthousiasme dans tes études. Continue comme çà et tu réussiras ton bac. J'ai été étonné que vous ne commenciez l'année scolaire qu'en octobre. Le principal est que tu te sois adapté à la vie en France et que tu parles déjà couramment la langue.

Et maintenant, ce qu'il y a de nouveau et ce qui a changé durant le mois écoulé.

Dimanche dernier, je suis allé voir votre maison. Elle a été transformée en auberge. Les travaux ont commencé en septembre. Toutes les pièces ont été repeintes et transformées en salles, remplies de tables et de chaises où on accueille les clients. Il y a beaucoup de serveurs car il n'est pas facile de courir constamment d'un bout à l'autre de la maison. Les murs sont couverts de bois de cerfs, il y en a presque trop. Le jardin aussi a été transformé. Tout l'espace qui se trouve entre le portail en fer forgé et l'escalier du jardin a été comblé à la hauteur de la plus haute marche. Plus bas on a créé des terrasses. Quelques arbres ont été abattus et remplacés par des parterres de fleurs. Il y a des tables dans tout le jardin. Ils ont en outre abattu le saule près de la clôture qui longe la route et ouvert une entrée nouvelle dans le jardin. Une grande quantité d'ampoules électriques éclairent le jardin la nuit. Autrement, pas de changements. Tout ceci a été réalisé par la ville.

Nous venons d'obtenir un grand avantage avec la création d'un réseau d'autobus. Cinq lignes circulent dans la ville, avec différentes destinations (suit une liste de villages des environs) *de sorte qu'au croisement situé au pied de Zobor il en passe beaucoup et on n'est plus obligé de marcher à pied. Ces autobus viennent de Prague, où ils ont été retirés de la circulation à cause de leur vétusté. Le transport est assez cher, 5 couronnes pour 2 Km, et je ne peux pas toujours me l'offrir.*

Au lycée, les choses suivent leur cours habituel. Il y a abondance de matières à apprendre, car nous aussi allons passer notre bac cette année. De sorte que nous pourrons chacun croiser les doigts pour l'autre. L'accent principal est mis sur l'éducation civique, où nous apprenons les "nouvelles orientations". Nous approchons lentement des examens du premier trimestre. Après, sans doute le 19 novembre, nous organiserons une fête des futurs bacheliers, avec la classe VIII.B pour que cela nous coûte moins cher. J'espère que je m'y amuserai et que j'y danserai beaucoup. Mais nous avons quelques problèmes car

Korman (tu sais bien, il est devenu directeur) nous donne la permission seulement jusqu'à minuit et n'autorise pas plus d'un demi-litre de vin par personne. Nous verrons comment cela se passera. Je te raconterai.

Autrement, la vie est normale. Nous n'avons aucun film intéressant car il y a actuellement "les deux mois du film russe", et tu sais ce qu'ils valent. Après les cours, nous allons constamment faire des brigades de travail, pour récolter la betterave sucrière ou les tournesols. Le temps passe et bientôt j'aurai fini mon "octava". "Gubinko" (surnom du professeur de physique) *continue allègrement à interroger et à distribuer de mauvaises notes. Mais moi, il m'a à la bonne. Autrement, rien de nouveau.*

Ecris-moi vite comment tu vas, comment vont tes études, si vous avez déjà trouvé un logement et ce qu'il y a de nouveau.

Je te salue ainsi que ta famille

Karol

P.S. Je t'enverrai des timbres une autre fois car je n'en ai pas mis beaucoup de côté.

Nitra, le 17 décembre 1949

Cher Pištinko,

Je t'adresse un salut et ces quelques lignes relatant ce qu'il y a de nouveau chez nous. D'abord, je te remercie de ta lettre qui m'a fait grand plaisir. Surtout la nouvelle que vous avez un bon logement et que cette question est maintenant résolue pour vous. Je te remercie aussi des échantillons de cours que tu m'as envoyés, cela m'a donné une idée quant à la forme que prennent l'enseignement et les examens chez vous.

Durant les quelques semaines écoulées il s'est accumulé pas mal de nouvelles dont je veux te rendre compte. Grâce à ma précédente lettre, tu dois savoir que nous avons eu notre fête des futurs bacheliers. Elle a été très réussie. Nous avions assez à manger et surtout à boire. Nous avions aussi plein de filles, car nous avions invité les élèves de terminale du lycée de jeunes filles. Et, pour couronner le tout, nous avions du jazz de qualité. Nous avions choisi plein de tubes américains extrêmement dansants. Nous avons encore mieux dansé lorsque certains se sont mis à jouer ces tubes sur une guitare électrique hawaïenne. Mais cette musique nous a valu des ennuis car le directeur, Korman, était présent à notre fête et nous a sévèrement tancés le lendemain. Tu sais bien comment nous sommes, nous autres lycéens. "Jojo", c'est-à-dire Gráčik (notre professeur principal), *était là avec sa femme. Je ne sais pas si je t'ai déjà écrit qu'il était marié depuis août avec une institutrice. Il pourrait s'améliorer, maintenant, et abandonner ses airs hautains qui ne lui vont pas bien.*

Des amusements, nous en avons eu assez, car le samedi suivant ce sont les filles qui ont organisé leur fête des bachelières, à laquelle nous avons participé comme "représentants" de notre "gympel" (gymnasium en langage de potaches). *Puis il y eut la fête de notre lycée, mais qui ne valait rien car "aujourd'hui" on ne doit pas choisir n'importe quelle musique, surtout pas "vieillotte", comme ils disent.*

Notre fête a eu lieu juste après les examens trimestriels qui se sont, selon la tradition, très bien passés pour moi. Nos camarades aussi se donnent plus de mal qu'avant car ils sont devenus des élèves de terminale! La vie de lycéen s'écoule doucement et va bientôt se terminer. D'ici peu nous aurons atteint la moitié de l'année.

Les profs n'ont pas l'air d'avoir envie d'enseigner. Ils tuent le temps en attendant la fin de l'heure. Mais le vieux Gubi, c'est-à-dire Román (si tu n'as pas encore oublié) constitue l'exception. Celui-là continue à nous exposer l'électricité, qu'il ne sait cependant pas expliquer correctement, même en s'aidant avec les mains. Gráčik passe son temps à suivre des cours de formation politique ou à prendre des vacances, de sorte que nous ne l'avons plus vu depuis un mois. Il n'est plus question que de révision des savoirs traditionnels et de rééducation.

Un fait à noter: certains après-midi, nous avons maintenant des cercles d'échange intéressants. Je me suis inscrit à ceux de physique et de mathématiques, mes deux matières préférées.

Mais assez parlé du lycée. Qu'y a-t-il de nouveau ailleurs? Les conditions d'existence ne s'améliorent que très lentement. Il n'y a pas longtemps ils ont libéré les prix du pain et de certaines viandes. Celles-ci sont devenues si chères qu'on ne peut plus les acheter. Les bicyclettes sont un peu meilleur marché qu'avant. Les radios sont très coûteuses. Par exemple, un poste comme le vôtre vaut 14.000 couronnes. Pour le reste, les choses n'ont pas changé.

En février, nous devons faire un voyage d'une semaine dans les Hautes-Tatras. Ce serait très agréable, mais je ne sais pas si je pourrai y aller car je n'ai pas de tenue de sports d'hiver, ni de skis. Sans ces équipements, cela ne vaut pas la peine de participer à l'excursion. Espérons que, d'ici février, je réussirai à me procurer ce qui me manque.

Tu me demandes ce que devient Vinczúr? Je ne le sais pas moi-même. Il ne fréquente plus notre lycée et je ne sais pas s'il est inscrit dans un autre. Je n'ai trouvé chez nous personne de Radošina (le village où habitait Milan Vinczúr) *à qui demander de ses nouvelles. Si j'apprends quelque chose, je te l'écrirai dans ma prochaine lettre.*

Il pleut sans arrêt depuis un mois, de sorte qu'on ne sait plus où aller. Dans les cinémas on ne joue rien d'intéressant et presque jamais de films américains. Au moins j'économise un peu d'argent.

En guise de petit cadeau, je t'envoie des timbres dans cette lettre en te souhaitant un joyeux Noël, ainsi qu'à tes parents à qui j'adresse mes salutations respectueuses.

Karol

Nitra, le 27 mars 1950

Cher Pištinko,

Reçois mon bonjour amical et ces quelques lignes que je t'adresse de notre contrée. Avant de te relater les nouveautés, je veux te remercier de m'avoir montré par ta lettre si gentille que tu te souvenais encore de moi. Pardonne-moi de te répondre avec autant de retard, mais tu sais toi-même combien de soucis peut avoir un lycéen avant le bac.

Et de ces soucis, il y en a vraiment beaucoup. Par exemple, notre classe donne en ce moment des représentations théâtrales que nous avons répétées pendant quatre mois. Nous jouons dans la salle de gymnastique, transformée en salle de théâtre. La scène et les décors appartiennent au lycée qui les avait achetés il y a un an. Ou à peu près, je ne sais plus exactement. Peut-être t'en souvient-il? Seule notre classe fait du théâtre, nous voulons nous faire un peu d'argent pour couvrir les dépenses qui nous attendent au moment du baccalauréat. Nous jouons depuis une semaine pour différentes écoles et pour des soldats, et nous nous sommes déjà fait 10.000 couronnes. Je ne participe pas directement aux représentations, tu sais bien que je n'ai pas de dons particuliers pour cela, je collabore seulement à l'organisation.

En ce qui concerne le lycée, nous allons bientôt lui dire "au revoir", *car le bac aura lieu dans 2 ou 3 mois. Les épreuves écrites se tiendront le 21 avril et l'oral probablement début juin. Trois épreuves sont obligatoires: le slovaque, le russe et l'instruction civique, qui se compose de l'instruction civique proprement dite, de la géographie, de l'histoire et de la philosophie. En option, nous pouvons choisir deux matières parmi les suivantes: dans le premier groupe le français, le latin et la géométrie descriptive, dans le second les mathématiques, la physique, les sciences naturelles et la chimie. Je n'ai accès qu'au second groupe, où j'ai choisi — tu sais bien quoi — les maths. Les perspectives ne sont pas entièrement roses, car la matière principale est l'instruction civique et si je n'obtiens pas un 1* (la meilleure note), *je ne recevrai pas les félicitations, ce qui aura pour conséquence que je ne pourrai pas prétendre à un logement d'étudiant à Bratislava. Mais espérons! Pištinko, pense à moi. Dans ma dernière lettre je t'ai demandé comment se passait le bac chez vous, quelles sortes d'examens il y a, je serais curieux de savoir s'il y a des matières optionnelles chez vous aussi, etc. Ce que tu m'as dit des examens m'a étonné, surtout la notation sur 10 ou sur 20. Cela me paraît plus juste que notre système.*

En ce qui concerne le bac encore, nous avons fait faire la photo de tous les candidats bacheliers (coutume d'Europe Centrale, ce tableau photographique est exposé dans la vitrine des commerces de la ville ou du quartier). *Comme tu vois, nous avons tout un tas de dépenses. Mais espérons que bientôt notre "gympel" n'existera plus pour nous que dans nos souvenirs.*

La vie à Nitra suit lentement son cours. Le complexe sportif, dont la construction a commencé voici deux ans, est dans l'état où il était l'année dernière. Même les fondations n'ont pas encore été achevées. La seule nouveauté est que la rue qui va du café Tatra à la gare a été asphaltée.

Zobor commence à revivre, car le printemps est arrivé. On voit apparaître sur nos chemins des couples qui viennent respirer notre bon air si réputé. Autrement, rien qui puisse t'intéresser. J'ai oublié de te parler de l'excursion dans les Tatras. Elle a bien eu lieu, ils y ont passé une semaine. Je parle à la troisième personne car je n'y ai pas pris part. Je n'ai pas réussi à me procurer la tenue, les skis et l'argent nécessaire (1.000 couronnes). Avec le temps, je finirai par oublier cela aussi.

Pištinko, écris-moi comment tu vas, si tu te livres encore à tes activités de radioamateur, ce qu'il y a de neuf chez vous à l'école, dans la ville, etc.

Je te salue ainsi que tes parents

Karol

P.S. Je te renvoie dans cette lettre ton bulletin scolaire.

Nitra, le 1 juillet 1950

Cher Pišta,

Je t'envoie de nouveau un salut amical des environs de Nitra ou plus exactement du Zobor. Avant tout, je te remercie de ta gentille lettre qui a encore renforcé nos liens d'amitié.

Le bachot est derrière moi et je suis soulagé. L'oral s'est déroulé autour du 15 juin. Tout s'est bien passé car nous avions un bon président de session qui a essayé de faire passer tout le monde. La matière principale était l'instruction sociale et civique. Outre le président, ont participé à l'examen les représentants de diverses organisations politiques qui mettaient fortement l'accent sur la maturité politique des candidats. Grâce à Dieu, les examens ont pris fin pour moi avec un excellent résultat (tu le sais bien, c'est la tradition). Seuls deux n'ont pas réussi, parmi eux le "célèbre" champion motocycliste Mišo Bóna, et trois n'ont pas été admis à se présenter.

Quand j'y pense, je constate que nous vieillissons. Car les années de lycée resteront toujours le plus beau souvenir de notre vie. Je n'oublie pas non plus le temps où nous étions assis ensemble sur le même banc, où nous avons vécu les plus beaux jours de notre vie. J'espère que toi non plus tu n'oublieras pas ces beaux instants de notre amitié. J'espère, lorsque tu reviendras un jour, que nous ferons revivre ces moments que nous avons vécus ensemble.

Ma vie arrive à un tournant. Je ne sais pas si je dois continuer mes études (car cela n'en vaut pas beaucoup la peine) ou si je dois me trouver un emploi. Celui qui veut aujourd'hui poursuivre des études supérieures, doit passer un entretien où on s'assure de sa maturité politique. Je suis allé à un tel entretien à l'école supérieure d'ingénierie du bâtiment, mais on ne m'a accepté qu'avec difficultés, car il paraît que je ne suis pas assez actif. Je vais voir, peut-être vais-je faire des études, mais il y a aussi 50% de chances que non. Je te ferai connaître ma décision plus tard.

Comme l'année dernière, cette année aussi, des brigades de travail nous attendent. On dit qu'on ira moissonner pendant six semaines sans être payés. On doit, hélas, beaucoup travailler, car celui qui veut faire des études doit d'abord participer à des brigades. Et maintenant qu'il fait 35°, ce n'est pas une partie de plaisir. A peine as-tu le temps de t'en apercevoir et te voici étendu par terre par un coup de chaleur. Nous n'avançons pas sur un chemin pavé de roses.

Fin mai, nous avons eu à Nitra une nouveauté, des courses de vitesse de motos. Il y avait peu de concurrents de notre ville car ils ont de mauvaises machines. Même le célèbre Bóna n'y était pas.

Pour l'instant, je me repose depuis déjà deux semaines. Je vais régulièrement me baigner dans notre "si propre" rivière Nitra, car dans le petit lac de Zobor, il n'y a plus d'eau. Elle a été pompée pour une raison que j'ignore.

Dans ta lettre, tu me demandes ce qu'il est advenu de Šrófik (surnom de notre ancien directeur, un prêtre). *Je ne sais plus si je te l'ai écrit, cela fait deux ans qu'il a été mis à la retraite pour laisser la place à Korman qui avait l'appui de Tišina* (surnom de notre professeur de russe), *dont j'espère que tu te souviens encore. Dommage qu'il ne nous ait pas enseigné la religion jusqu'à la fin de nos études. Nos souvenirs du "gympel" seraient plus riches. Je n'oublierai jamais notre professeur de philosophie, un très piètre pédagogue en comparaison de sœur Liliosa. Il exigeait qu'on apprenne tout par cœur (surtout les nouvelles orientations). Mais laissons l'école.*

J'espère que je trouverai la bonne issue au dilemme qui se pose à moi actuellement.

Je joins à cette lettre les timbres que j'avais promis de t'envoyer. Je te salue en adressant mon souvenir respectueux à tes parents, ton camarade fidèle

Karol

Radošina, ce 5 mars 1949

Très cher Pišta,

Je t'en prie, ne sois pas fâché que je t'écrive avec tant de retard (deux semaines). Tu sais, une fois je n'ai pas le temps, une autre fois j'oublie. Tu dois savoir toi-même comment c'est.

J'ai bien reçu ta lettre de Vienne, mais seulement le 14 janvier et le 16 vous deviez reprendre votre voyage. Quoi de neuf chez nous? Toutes sortes de choses. Depuis le 6 janvier on a libéré la vente des textiles et des autres articles qui étaient rationnés. Ainsi, un pardessus d'hiver coûte 7 à 10.000 couronnes. Le 7 janvier on a réintroduit, à côté de la vente libre, la vente contre des tickets. Mais les tickets ne sont attribués qu'aux salariés employés depuis au moins trois mois, aux paysans cultivant moins de 15 hectares qui ont rempli leur contingent de production, etc. Les artisans, les paysans cultivant plus de 15 hectares, les fonctionnaires, les commerçants, etc. n'ont pas eu droit aux tickets. D'un seul coup on a attribué 25 points, qui peuvent servir à l'achat de chaussures, de textiles et d'autres articles. Pour une année on attribuera en tout 280 points. Des chaussures requièrent 60 points, des baskets 10, etc. Alors que les prix libres ont beaucoup augmenté, ceux des articles vendus contre tickets n'ont que peu monté. Les trafiquants du marché noir peuvent à nouveau se livrer à leurs activités. Une fois, dans le train, il y avait un homme avec un pardessus neuf. Il l'avait acheté, paraît-il, au noir pour 3.500 couronnes. C'est-à-dire plus cher que le prix demandé contre des tickets, mais moins cher que le prix libre (7.000 couronnes). Et c'est ainsi que les trafiquants font de la concurrence aux commerçants qui vendent les articles libres.

Nous avons eu un temps printanier en janvier et début février. Mais, depuis la fin du mois de février nous avons un froid terrible. Des tempêtes de neige, un vent froid qui souffle très fort. Les mois de janvier et de mars ont échangé leurs dates.

J'ai terminé le montage de mon téléphone. Il marche bien. Je suis allé prendre les affaires que tu m'as laissées chez les Nemes. Merci.

Sopčák s'est beaucoup plaint de toi. Mais il exagère toujours. Il paraît qu'il a dû jeter tous les composants qui venaient de toi et que tu l'as "possédé".

Biza dit qu'il te doit 30 couronnes. Il voulait te les envoyer, mais tu ne pourrais rien acheter avec cet argent. Je pense qu'il serait mieux de t'envoyer des timbres que tu pourras vendre. C'est ce que m'a conseillé aussi le facteur lorsque je me suis renseigné sur la possibilité d'une réponse prépayée. Alors, écris-moi. Je t'en enverrais volontiers.

Il paraît que tu es triste? C'est toujours comme çà, lorsqu'on se prépare à partir on est joyeux, mais quand on est arrivé on se sent triste, au moins le temps de s'habituer, surtout si c'est loin.

J'ai transmis ton bonjour à Karol dès que j'ai reçu ta lettre, mais il ne m'a pas demandé ton adresse. Je la lui donnerai une autre fois. Je te salue affectueusement, ton ami fidèle

Milan

Radošina, ce 23 mars 1949

Cher Pišta,

J'ai reçu ta lettre assez vite (le 19 mars) et je réponds donc immédiatement, comme tu me l'as demandé. Dès réception, j'ai parlé à Biza et à Karol et je leur ai aussi rappelé les timbres. Je leur ai redonné ton adresse afin qu'ils t'écrivent et t'envoient des timbres en même temps. Ils me l'ont promis. Malheureusement, je ne t'envoie rien car je n'ai pas d'argent en ce moment. On a distribué de nouveaux tickets de rationnement et je veux m'acheter des habits. Je t'envoie ci-joints ces articles de Radioamatér *où il est question du codage en couleurs des composants américains. J'espère que c'est l'article que tu voulais. Tu me demandes si on trouve encore des composants et du matériel de radio. On en trouve, mais les prix ont pas mal monté* (suivent quelques indications de prix). *A Prague aussi, les prix ont augmenté, ce que tu dois savoir en lisant* Radioamatér, *dont tu m'écris que tu le reçois régulièrement.*

En ce qui concerne le lycée, il y a du changement et peut-être y en aura-t-il encore davantage. L'école du dimanche et l'enseignement du socialisme ne sont pas encore introduits. Mais même sans cela, tout le monde lit et étudie fiévreusement la seconde matière (le marxisme-léninisme), car tous les communistes ont déjà subi des examens sur ce sujet et bientôt seront contrôlés tous les citoyens, y compris les élèves. Les bacheliers devront passer une épreuve spéciale sur le sujet. Justement, lundi nous avons été au cinéma, naturellement pour voir un film russe: Monter la garde pour la paix, *et entre autres j'ai entendu que nous devrons aller au cinéma une fois par semaine. Tu devines pour voir quoi!*

A ce jour, aucun élève ni professeur n'a été écarté du "gympel" (surnom du lycée) *pour des raisons politiques. Seul Laco Petrus a été exclu, il paraît qu'à notre fête il était soûl et a dit quelque chose à Korman* (le directeur du lycée), *puis il a été vu la nuit avec une certaine "demoiselle". Sont exclus avec sursis également Miki Bóna et Lisý.*

Tu as mentionné dans ta lettre Tibor Herc. Celui-là est déjà presque ministre. Il ne va plus au lycée. Il est devenu une sorte de président régional ou secrétaire, je ne sais, des SSM (Union des Jeunesses Socialistes). *Il gagne environ 3 à 4.000 couronnes par mois.*

De la grande réunion, dont tu parles, il n'est sorti que la décision de noter et d'afficher dans chaque classe le progrès scolaire, l'assiduité, la propreté, etc. Il existe aussi d'intéressants livrets de perfectionnement à l'aide desquels les meilleurs élèves expliquent (par exemple après la classe) les matières étudiées. On organise une émulation entre classes qui se lancent des défis, par exemple en musique, en assiduité, etc. La notation publique fonctionne pareillement. Les élèves et le professeur se mettent d'accord sur les notes à attribuer. La compétition fait rage aussi dans la décoration des salles de classe. Si tu pouvais voir comment sont décorées les classes inférieures (IV., V. — ce qui équivaut en France aux classes de quatrième et de troisième). *La IV.M par exemple, qui est dans la salle où nous étions l'année dernière, a tendu des bandes de papier crêpe, celles en couleurs, tu sais, tout à fait comme dans une salle de danse. Ils ont fini par les retirer. Dans les classes de V. par exemple, ils ont beaucoup d'affiches: certaines de la SSM avec des slogans comme "vous qui étudiez, l'Union rejoignez", d'autres sur la* Voie ferrée de la jeunesse, *etc. C'est comique. Ils n'ont pas compris ce que c'est que de décorer sa classe. Cela devrait être fait avec ses propres travaux, dessins, etc. Dans la V.C ils ont par exemple un "Journal de caricatures". C'est vraiment bien. Ils y notent l'histoire de leur classe et aussi celle de leurs professeurs. Même Roman y est dessiné de façon très ressemblante, disant "qu'est-ce que tu viens faire ici!". Gráčik aussi, giflant un élève et se retournant aussitôt. Il n'y a pas de noms, mais tu reconnais les personnages tout de suite. La V.D voisine cherche à leur faire concurrence. Ils ont repris l'idée et dessinent aussi, mais ce n'est pas aussi bon. Ils copient de vieilles blagues qu'ils trouvent dans les almanachs et les journaux.*

Je veux te signaler encore que ton ancienne classe a été transférée au troisième étage, à côté de la direction. J'ai l'impression que leur conduite laissait à désirer. Par ailleurs, Svätokrížný (le professeur de mathématiques) *a eu la main cassée.*

En ce qui concerne Sopčák, je le connais. Il n'a dit tout cela que lorsque tu étais parti. Tant que tu étais là, il ne disait rien.

S'il te plaît, ne m'en veuille pas d'écrire si mal. Mon stylo a l'air de ne pas vouloir écrire correctement, je dois appuyer sur le papier et le trait est alors par endroits plus épais, ailleurs plus fin.

Je te salue de tout mon cœur, ton

Milan

Radošina, ce 7 juin 1949

Très cher Pišta,

S'il te plaît, ne m'en veuille pas si je ne t'écris qu'au bout d' un mois. Ce n'est pas parce que Biza ne m'a pas donné l'argent, puisque cet argent je te l'enverrai de toutes façons en timbres. Mais j'ai l'habitude, lorsque je réponds vite, de le faire vraiment aussitôt et lorsque je réponds plus tard, alors vraiment avec beaucoup de retard.

Tu te plains que la classe ne t'ait pas encore écrit. Je leur ai pourtant donné ta lettre, à Karol aussi, et lui t'a déjà répondu.

Je ne sais vraiment pas comment les choses vont continuer. Imagine-toi que la moitié de l'internat a été occupé par les gendarmes, les missionnaires ont été interrogés, leurs biens seront certainement confisqués et le couvent étatisé. Je ne sais pas exactement si leur ordre a été dissous, mais je sais qu'il y a un profond changement. A Trnava, les Salésiens ont été dissous, chacun n'a pu emporter que quelques affaires. La même chose s'est produite en Slovaquie orientale.

Autrement, les prix sur le marché libre ont diminué un peu. Je n'ai pas été à Zobor. Je le dirai à Karol et il t'écrira à ce sujet.

Ta situation, telle que tu la décris, est idéale en comparaison de la notre. Dieu sait quand nous pourrons être à nouveau ensemble. J'aimerais pourtant bien cela. On a peine à se faire à une situation où de si bons amis sont séparés par une si grande distance. Les lettres, c'est vraiment peu. On pense à quelque chose, puis on oublie de l'écrire, etc.

Même le bricolage de radios a cessé de m'amuser, mais maintenant cela me manque à nouveau. Pendant les vacances je veux construire quelque chose avec l'aide de notre revue d'amateurs. Le poste à 5 lampes qui y est décrit fonctionne paraît-il très bien.

Tu vois, j'ai oublié de t'écrire que parmi les lampes que tu as laissées chez moi, certaines ne sont pas mentionnées dans l'inventaire. Que dois-je en faire, et du reste aussi? Ne pense surtout pas que je te demande cela parce que je voudrais les avoir. Je serais bien plus content si tu les avais et si nous étions ensemble. Je t'envoie cet extrait de notre revue favorite, je pense que c'est celui que tu voulais avoir. Tu ne m'as pas écrit si la dernière fois je t'avais envoyé le bon article.

Le temps est beau, il y a quelques jours il a plu, ce qui était bien nécessaire. La nature apparaît maintenant dans toute sa splendeur.

Autrement, je pense à toi chaque jour, je me demande ce que tu fais, etc. Je regrette seulement beaucoup que je ne t'écrive que maintenant. C'est tout ce que je peux t'écrire, tu sais que je n'écris que le strict nécessaire, je ne sais pas écrire longuement.

Je te salue, ton

Milan

Radošina, ce 27 décembre 1949

Très cher Pišta,

Je ne sais comment te demander pardon de ne t'avoir pas écrit pendant si longtemps. Pendant les vacances...? Tu sais pourtant bien que je t'avais promis d'écrire aux dernières vacances, et puis je ne l'ai pas fait. La même chose cette fois. Depuis septembre, je travaille à Bratislava et les circonstances ont voulu que je reporte encore une fois le projet de t'écrire. Tu ne dois pas craindre que je t'aie oublié. Pas le moins du monde. Je pense à toi chaque jour. Je suis comme çà, je me dis sans arrêt que je vais écrire et le temps passe. Tu ne peux pas t'imaginer combien m'a attristé ta lettre où tu demandais si notre amitié n'était pas en train de disparaître. Je l'ai trouvée dimanche, en rentrant à la maison. Puis je me suis dit que j'allais t'écrire du bureau où je suis employé. Et Noël est arrivé. Quand j'ai reçu ta carte de Noël, j'ai enfin pris la plume pour t'écrire. Je te demande encore une fois de me pardonner, ne m'en veuille pas. Je t'envoie ci-joint l'article sur les écouteurs à cristal, mais je n'ai pas pu trouver l'autre. Ecris-moi au moins approximativement où il se trouve. Je t'enverrai une prochaine fois l'emballage de cigarettes que tu m'as demandé, car j'ai peur de remettre encore, pour une raison mineure, la rédaction de cette lettre. Je te promets de t'écrire sitôt que j'aurai reçu une lettre de toi. Quand je pense à toi, j'éprouve un sentiment curieux, je me demande ce que tu penses de moi, des raisons pour lesquelles je n'écris pas, etc.

Nos fêtes n'étaient plus comme l'année dernière et j'aimerais savoir comment elles seront l'année prochaine. Avant, le soir de Noël, il n'y avait à la radio que des koledy (chants de Noël populaires) *et d'autres chants de circonstance. Cette fois, seulement des cabarets ordinaires et des chansons à la mode du genre "pourquoi n'es-tu pas venu lorsque je t'attendais...", etc. Des discours aussi, il paraît qu'il ne faut pas tromper les enfants en leur faisant croire que c'est le petit Jésus qui apporte les cadeaux. Quant au mystère du soir de Noël, il a été résolu. La solution réside dans le travail, dans la construction, etc., etc. Notre Noël est, paraît-il, meilleur que le précédent et l'année prochaine, dans l'Etat socialiste, il sera encore plus beau. C'est ainsi que, lentement, ils déforment les choses et donnent une toute autre signification à Noël et aux fêtes religieuses. Le 1er novembre, ils ont libéré le pain, la farine et les produits à base de farine. Qu'est-ce qu'on n'a pas entendu à ce propos à la radio ou lu dans les journaux! Comme si cela n'avait jamais existé auparavant! Le pain n'a pas augmenté mais la farine oui, un peu. 1 kg de pain coûte 5 couronnes. Depuis le 1er décembre on peut aussi acheter avec des tickets de rationnement dans les magasins dits "libres", de telle façon qu'on déduit du prix libre 15 couronnes pour chaque point de rationnement. Je ne sais pas comment se présenteront les choses l'année nouvelle. On dit toutes sortes de choses et chacun attend cela comme le salut.*

Quoique le proverbe dise "sainte Catherine dans la boue, Noël sur la glace", la première partie s'est réalisée mais pas la seconde. Ce n'est que maintenant, à la saint Etienne (en passant, je te souhaite pour ta fête tout ce que Dieu peut te donner de meilleur) que s'est mise à tomber une neige qui, cette fois, tiendra sûrement. Avant, il pleuvait et puis la terre gelait. Avec cette lettre, je t'adresse, ainsi qu'à tes parents, mes meilleurs vœux pour l'année nouvelle.

Je t'en prie, écris-moi. Tu peux attendre un peu, si tu veux, car je ne mérite pas une réponse immédiate, puisque je t'ai fait tant attendre. Comment tu vas, ce que tu fais, comment c'est là-bas, etc.

Tu t'es plaint que mes lettres sont trop brèves. Je ne sais pas pourquoi, mais même en ce moment, je ne sais plus quoi écrire, bien que je ne t'aie pas écrit depuis longtemps. Dans quelque temps je t'écrirai à nouveau, lorsque tu m'auras indiqué où je pourrai trouver l'article.

Je te salue affectueusement en te souhaitant plein de bonnes choses, ton camarade fidèle

Milan

sans date

Très cher Pišta,

Je n'ai pas vraiment tenu ma promesse de t'écrire rapidement. Mais ce n'est pas tout à fait de ma faute. Un dimanche, je ne suis pas rentré chez moi et ta lettre est arrivée avant, cela faisait presque deux semaines lorsque je l'ai eue entre les mains, nous sommes la troisième semaine et je t'écris déjà. En ce qui concerne les articles demandés, je ne t'envoie rien, car je ne sais pour quelle raison c'est précisément le n° 11 de la revue qui me manque, et dans les autres numéros il n'y a rien. J'écris mal car je viens de rentrer et dehors il fait très froid. Dans trois quarts d'heure je prends le train pour Bratislava.

Tu m'as reproché de ne pas assez écrire sur moi. Et pourtant j'écris tout ce qui me passe par la tête, et puis tu as pu remarquer que je n'aime pas beaucoup écrire des lettres. Dans ma tête j'imagine mieux, et je te dirais aussi mieux de vive voix tout ce que je ne mets pas dans mes lettres.

Je travaille à la Compagnie d'assurances tchécoslovaque nationalisée et je gagne un salaire brut de 2.500 couronnes. En septembre, j'irai sans doute dans une école technique d'électrotechnique, je verrai.

Ecris-moi plus en détail au sujet de Radioamatér, *ce que coûte l'abonnement pour l'étranger, ce que je dois commander, etc. Car je veux t'y abonner. Je n'ai pas voulu te l'écrire avant, car j'ai voulu te faire une surprise. Mais ce ne sera pas tout de suite, car je veux m'acheter une* Sonoreta (un modèle de radio). *Elle vaut 1.300 couronnes sans les lampes.*

Dans ta lettre, j'ai trouvé 3 timbres de 5 couronnes. Tu ne m'as rien écrit à ce sujet. Ne savais-tu pas qu'ils étaient là? Dois-je te les renvoyer? Ecris-moi quoi en faire.

Je t'envoie des emballages de Bystrica (marque de cigarettes), *de 100 et de 20. La prochaine fois je t'en enverrai d'autres.*

Je ne peux pas t'écrire davantage car le temps passe très vite. Mais je pense beaucoup à toi et j'aimerais qu'on puisse se revoir un jour quelque part.

Je te salue affectueusement, ainsi que tes parents

Milan

Radošina, ce 9 mars 1953

Cher Pišta,

Je suis rentré de Bratislava et je viens de retrouver une de tes lettres, séparée des autres, dans laquelle tu me donnes une nouvelle adresse. Je t'ai écrit de Bratislava il y a environ trois mois et comme tu ne m'as pas répondu, je pense que tu n'as pas reçu ma lettre. Une autre possibilité serait que tu sois fâché (mais je ne le crois pas) de ce que dans ma dernière lettre je me sois beaucoup excusé de ne t'avoir écrit qu'après deux années. Car dans cette lettre que je viens de retrouver, tu me reproches d'écrire trop peu sur moi et de passer mon temps à m'excuser d'écrire si peu. Alors maintenant, juste pour clarifier (au cas où tu n'aurais pas reçu ma dernière lettre qui n'était qu'une suite d'excuses), si je n'ai pas écrit pendant si longtemps c'était, dans un premier temps, parce que je remettais toujours la rédaction à plus tard et puis, parce qu'un jour j'ai rencontré Karol Zverka qui m'a dit que vous aviez déménagé. Alors j'ai attendu que tu m'écrives ta nouvelle adresse et c'est ainsi que les choses se sont étirées dans le temps au point qu'à la fin cela me faisait de la peine. Et même maintenant, je suis ennuyé de ne pas savoir ce que tu deviens. Alors je te prie... je te prie de m'écrire sitôt que tu auras reçu ma lettre.

J'ai été employé aux Assurances Tchécoslovaques jusqu'en décembre 1950. Ensuite, je suis allé avec un collègue aux usines de montage électrique de Bratislava. J'y ai travaillé comme dessinateur technique au département des projets. On y faisait des projets et des plans pour des installations électriques. C'était un travail intéressant, dans mon domaine préféré et, comme tu sais, j'ai aussi toujours aimé le dessin industriel. De plus, dès l'embauche, j'ai amélioré mon salaire de 1.000 couronnes. Après quelque temps, après avoir terminé mon apprentissage (ce qui est allé vite dans mon cas), j'ai commencé à travailler avec un système de primes (basé sur des objectifs à remplir) et je me suis fait 5 à 6.000 par mois. Je me sentais bien, l'ingénieur responsable était content de moi et voulait me faire avancer. L'occasion s'est présentée à l'automne de 1951 (entre temps, pendant l'été, l'ingénieur était parti), lorsque j'ai pu aller étudier dans une école technique supérieure d'électrotechnique, tout en étant payé 2.400 couronnes par mon entreprise. Avant cela, la même année, j'ai été appelé au service militaire, mais j'ai obtenu un sursis grâce à l'école. Je m'étais promis d'étudier avec beaucoup d'application, mais cela ne s'est pas avéré nécessaire car j'avais une bonne réserve de connaissances du lycée et de mon travail. Il y avait là des gars d'âges variés. Des jeunes issus du collège, de 4 à 5 ans plus jeunes que moi et aussi des hommes mariés de 30 ou 35 ans. Pendant les vacances, je suis allé faire un stage pratique obligatoire que j'ai choisi moi-même. J'ai passé 4 semaines à Nováky dans une mine en cours d'électrification. J'ai gagné plus de

10.000, mais je n'ai pas eu de chance, car le premier jour on m'a volé ma montre. J'ai conclu avec l'entreprise un accord prévoyant que je resterai chez eux cinq ans après la fin de mes études. En attendant, dès à présent, je devrais avoir droit aux congés payés, à l'assurance maladie, etc. Cependant les choses ont changé, je t'écrirai tout cela progressivement car il y a beaucoup à raconter et je n'ai pas le temps en ce moment. Je suis à la maison pour aider à tuer le cochon et il y a beaucoup à faire. Cher Pišta, envoie moi s'il te plaît une photo de toi. Je t'en enverrai une, mais de Bratislava, car ici à la maison je n'en ai pas. Ecris à Radošina ou à Bratislava, Myjavská ul. 34.

Je te salue de tout mon cœur, ton ami qui ne t'a pas oublié

Milan

Les principaux personnages

Mon père: István (ou Stefan en allemand) Lakits (1886-1986), Pista senior pour la famille et les amis.

Ma mère: Hélène Lakits, née comtesse Ledóchowska (1909-2001), préférant être appelée Nina.

Ma demi-sœur: Anna Egger, née Lakits (1913-1994), issue du premier mariage de mon père, appelée Ancy dans la famille.

Ma grand-mère maternelle: Vittoria comtesse Ledóchowska (1869-1953), née comtesse De Conti, que j'appelais Omami.

Ma tante: Gabrielle Balsay, née Lakits, sœur de mon père, que j'appelais Elluli (décédée vers 1968).

Mon oncle: József Balsay, le deuxième mari de ma tante, que j'appelais Józsi bácsi (décédé à la fin des années 50).

Sonia Nemes: notre amie, fille du baron Jenő Weiss-Horstenstein et de Éva, née baronne Schey, très bons amis de mes parents.

Gyuri (Georges) Nemes: notre ami, mari de Sonia (décédé en 1977).

Enid (décédée) **et Maria**: sœurs de Sonia.

Jolán Takács: notre bonne, aide familiale dirions-nous aujourd'hui, qui m'avait en partie élevé dans mon enfance (décédée en 2002).

Karol Zverka: l'un de mes deux meilleurs amis du lycée de Nitra.

Milan Vinczúr: l'autre de mes meilleurs amis du lycée de Nitra.

Ico Moravec: l'ainé des fils de nos voisins Moravec, devenu mon ami malgré une différence d'âge de quinze ans environ (décédé au début des années 1990).

Jožo Šódel': le plus jeune fils de notre ancien jardinier Fero Šódel', devenu notre ennemi par ses intrigues en vue de la confiscation de nos biens (décédé).

Pista: diminutif de la forme hongroise (István) de mon prénom Etienne, qui était aussi celui de mon père et de mon grand-père paternel. Pišta ou Pištinko sont les versions slovaques de ce même diminutif.

Table des matières

www.ingramcontent.com/pod-product-compliance
Lightning Source LLC
LaVergne TN
LVHW010556160826
845677LV00013B/3146

* 9 7 9 8 3 6 3 3 9 2 4 5 0 *